魏江 刘洋 等著

数字创新

Digital Innovation

机械工业出版社
China Machine Press

图书在版编目（CIP）数据

数字创新 / 魏江等著. —北京：机械工业出版社，2020.11（2022.10 重印）

ISBN 978-7-111-66823-7

Ⅰ. 数… Ⅱ. 魏… Ⅲ. 数字技术 - 应用 - 企业创新　Ⅳ. F273.1-39

中国版本图书馆 CIP 数据核字（2020）第 204149 号

　　这是一本数字创新实操指南。本书在揭示数字技术和数字创新本质的基础上，提出了数字创新的开发步骤和传统企业进行数字商业模式创新的基本思路。接着，本书对支撑创新的数字平台组织核心架构进行了解剖，并探讨了如何搭建数字平台，如何赋能互补者，以及如何利用用户知识进行数字创新等。最后，本书从生态系统的视角出发，系统阐述了数字创新生态系统的结构和成长路径，并着重分析了应该如何治理数字创新生态系统。

数字创新

出版发行：机械工业出版社（北京市西城区百万庄大街 22 号　邮政编码：100037）	
责任编辑：吴亚军	责任校对：殷　虹
印　　刷：北京联兴盛业印刷股份有限公司	版　　次：2022 年 10 月第 1 版第 4 次印刷
开　　本：170mm×230mm　1/16	印　　张：15
书　　号：ISBN 978-7-111-66823-7	定　　价：79.00 元

客服电话：（010）88361066　68326294

版权所有·侵权必究
封底无防伪标均为盗版

DIGITAL INNOVATION **序**

  当今世界的特点是信息空间的崛起,并与物理空间、人类社会一起,形成了三元并举的格局。经济数字化因而蔚然成风。2020年不寻常的开局,按下了数字化转型的加速键。李克强总理在2020年《政府工作报告》中指出:"电商网购、在线服务等新业态在抗疫中发挥了重要作用,要继续出台支持政策,全面推进'互联网+',打造数字经济新优势。"㊀

  可以预见,在后疫情时代,全球的数字化进程必将进一步加速。在这一进程中,企业的创新,乃至运行的逻辑正在被数字技术颠覆。正如本书所总结的,创新主体虚拟化、创新要素数字化、创新过程智能化、创新组织平台化使企业组织和产业组织的内涵发生了根本性的变化。

  彼得·德鲁克说:"动荡时代最大的危险不是动荡本身,而是仍

 ㊀ 人民网. 数字经济持续发力势头好 [EB/OL]. http://media.people.com.cn/n1/2020/0601/c40606-31730251.html.

用过去的逻辑做事。"那么，数字经济时代的逻辑是什么呢？

我们欣喜地发现《数字创新》一书为这一问题提供了深刻的洞察。魏江教授团队基于多年的探索，提出了数字创新的逻辑，剖析了数字创新组织的内涵，提供了数字创新治理的核心框架。

本书的第一大特色是理论功底深厚。浙江大学管理学院素以研究企业创新而著称。面对新形势，魏江教授主持国家社会科学基金重大项目"'互联网＋'促进制造业创新驱动发展及其政策研究"，持续通过理论和实践的相互印证，对数字创新的逻辑进行了深入的探索，最终发掘出了许多极具洞察力的理论视点。比如，本书从数字技术的最本质特征出发，提出了数字创新的本质和产生过程，进而分析了数字化平台催生数字创新的逻辑，最后从生态系统视角提出了数字创新治理的理论框架。

本书的第二大特色是扎根中国企业实践。杭州是中国乃至世界数字创新的重镇，涌现出阿里巴巴、网易、海康威视、新华三、拼多多等一大批数字经济相关的企业。浙江是中国改革开放的前沿阵地，20世纪便已崛起的吉利、万向、正泰等世界知名企业探索出了各具特色的数字化转型之路。魏江教授多年来持续跟踪这些企业，扎根中国，放眼世界，由此提出了数字创新的逻辑，十分坚实。书中案例以正文及"创新聚焦"栏目的形式呈现，让理论更加鲜活、栩栩如生。

本书的第三大特色是管理实用性强。基于数字创新的经验与理论，本书提出了许多可以直接供管理者应用的实践指南。比如，书中展现了数字创新开发的四个关键要素，"五力"支撑传统企业"破茧重生"，构建数字创新生态系统的两条路径等。

这三大特色得益于魏江教授团队及其所在的浙江大学管理学院在"求是创新"的校训指引下，一直扎根企业实践，持续推动中国特色技术创新理论发展。从 1979 年许庆瑞院士成立中国最早的科学管理系开始，四十多年来，浙江大学管理学院形成了具有国际竞争力的创新管理研究团队，构建了广泛的国际合作网络，与海尔、万向、吉利等中国代表性企业有着深入的战略合作，为中国创新管理理论和实践做出了重要贡献。本书在秉承这一脉络的基础上，开启了数字经济时代创新管理的新探索，也为浙江大学管理学院建院四十周年献上了一份贺礼。

"何处黄鹂破暝烟，一声啼过苏堤晓。"本书是送给数字经济时代勇士们的一大利器，也是拂开创新迷雾的一道清风。期待早日出版，与读者共飨。

潘云鹤

中国工程院院士、中国智能 CAD 领域的开拓者，
曾任浙江大学校长、中国工程院常务副院长

DIGITAL INNOVATION 前言

数字创新的逻辑

数字创新既可以理解为数字[⊖]技术本身的创新，也可以理解为数字技术背景下的创新。创新涉及技术、流程、组织、市场和商业模式

⊖ 在这里，我们对数字、数据、数字化、数据化等一些业界比较容易混淆的概念做一下澄清。数字技术在本书中对应的英文是 digital technology。其中，digital 的词根是 digit，来源于拉丁语 digitus，指的是手指，即人类最早开始计数的工具。根据剑桥英语在线词典（https://dictionary.cambridge.org/），digital 是指把信息编码或保存为一系列"0"和"1"的数字，以表明一个信号存在或不存在。这里特别强调的是二进制数字（binary digit），因为这是计算机可以处理的最小单元。基于此，数字化在本书中对应的是 digitalization，意思是"把一个诸如文档的东西（something）转化为数字形式（digital form，即可以被计算机保存和处理的形式）"。换句话说，本书所讲的数字技术、数字创新和数字经济等都指向计算机相关技术支撑下互联网空间有关的内容。

而我们在本书中还经常提到"数据"这个词，对应的英文是 data，是一个较为宽泛的概念。根据剑桥英语在线词典，数据是指信息（information），特别是收集到的事实（fact）或数字（number），可以被检验或被用来做决策，或者指电子形式（electronic form）的信息，可以被计算机存储和使用。那么，与之相关联的数据化（datafication），尽管本书并未提及，则是指"把一种现象转变为可以制表分析的量化形式过程"，也是一个较为宽泛的概念（参见：Cukier K, Mayer-Schoenberger V. The rise of big data [J]. Foreign Affairs, 2013, (May/June): 28-40）。

等方面，因而数字创新也有两层意思：一是数字技术创新，二是数字技术背景下的流程创新、组织创新、市场创新和商业模式创新。如果仅从形态来看，我们难以理解数字创新的强大生命力，比如，知识创新、生态创新就没有数字创新这样强大的生命力和推动力。那么，为何数字创新能在过去十年为我们贡献了几十万亿美元的财富，并且在未来还可以贡献几百万亿、几千万亿美元的财富？

数字创新的本质

数字创新，是指创新过程中采用信息（information）、计算（computing）、沟通（communication）和连接（connectivity）技术的组合，并由此带来新产品、改进生产过程、变革组织模式、创建和改变商业模式等。这一定义包含三个核心要素。

- 数字技术。例如，大数据、云计算、区块链、物联网、人工智能、虚拟现实技术等数字技术，本质上都是信息、计算、沟通和连接技术的组合。
- 创新产出。创新管理常用的创新产出，例如产品创新、流程创新、组织创新和商业模式创新均包含在数字创新的产出中。
- 创新过程。数字技术创新过程和一般创新过程的关键区别在于，它强调创新过程中对数字技术的应用。

从传统企业组织和产业组织形态向平台型、生态型等新型组织演变，引致了企业和产业创新体系的革命性变迁，使得数字创新呈现出四大特征。

（1）创新主体虚拟化。创新生态系统中的主导者和参与者在线上实现交互，个体和组织两类创新主体之间的合作模式日显多样性、可塑性、虚拟化，给整个知识产权制度、创新伦理责任、成果共享制度带来了全新挑战。

（2）创新要素数字化。大数据、云计算、区块链、人工智能等技术正在改变人流、物流、知识流、资金流和信息流，推动创新要素流动方向和流动速度的革命性变化，为企业创新提供全新的边界条件。

（3）创新过程智能化。人机交互和深度学习正在改变创新过程，平台组织和网络组织的创新协同正在使线性创新成为过去，创新合作者之间的创意交互、流程重构、商业共创正在为产业创新提供全新空间。

（4）创新组织平台化。依靠虚拟现实技术，虚拟信息空间大量涌现。以双边平台、多边平台、生态社区、创新社群为代表的新型创新组织，充分显示出强大的创新生命力，从科层结构到网络结构，从封闭式创新到开放式创新，从计划性创新到涌现式创新，正在颠覆创新组织形态。

数字创新的组织

数字化所带来的创新主体虚拟化、创新要素数字化、创新过程智能化、创新组织平台化，既可以为数字链、物流链、创新链在线上线下的低成本交融提供新的组织空间，也可以为各类创新主体提供低成本的创新要素，以在各区域内实现数字产业化的增量创新和产业数字化的赋能创新。

- 增量创新：由信息、计算、沟通和连接这些全新数字技术创新（包括单元技术创新和技术组合创新），为经济和社会创造技术增量、价值增量。
- 赋能创新：由数字技术与原有农业、制造业和服务业深度融合，实现传统产业的数字化发展，为经济和社会创造价值增量。

增量创新和赋能创新是紧密结合在一起的，在实际价值评估中是很难分开的。比如，医疗健康、数字教育、纳米材料等创新型产业，既有数字技术本身的创新，也有传统产业与数字技术深度融合的创新。2020年新冠肺炎疫情之后，长三角医疗健康产业中的各类医院与丁香园、微医、微脉、春雨医生等平台公司，以及与阿里云、每日互动等数据公司相互融合，建立了"产业创新生态系统"，该系统就是增量创新与赋能创新共同作用的结果，解决了跨区域远程治疗、医疗服务的共联共享。

在数字经济时代，组织是关系结构化和结构关系化的核心载体，由于组织性质不同，治理的目标、制度和方法有很大差异。聚焦经济组织中最主要的两类形态——企业组织和产业组织，从这两类组织的演化趋势入手，可以更为清晰地剖析数字治理的主体关系。

数字经济时代，企业组织的内涵正在被颠覆

传统企业组织有明确的组织边界、固定的组织形态、稳定的科层结构和标准的绩效体系，这些特征是企业同时追求外部交易成本和内部控制成本最小化而演化出来的结果。数字技术的发展正在改变科斯的经济学假定，组织间的交易成本可能趋向于零，内部科层治理成本则可能呈现指数级上升，这就逐渐瓦解了科层组织的优势，企业组织的边界走向消亡。比如，阿里巴巴、腾讯、小米等企业，借助大数据、云计算、人工智能等技术，使得交易双方的信息越来越对称，组织从科层控制走向民主治理，组织结构从垂直走向扁平。"企业是平的"，组织平面内的个体从雇员向合作者演变，组织之间从竞争者向合作者演变，形成全新的协同创新组织形态。

数字经济时代，产业组织的内涵也在被颠覆

一方面，产业组织反映了产业内企业间的市场关系，表现为企业间垄断与竞争所形成的完全竞争型、完全垄断型、垄断竞争型和寡头垄断型四类市场结构。另一方面，产业组织表明了产业内同类企业相互联结的组织形态，如企业集团、托拉斯、分包制等。

（1）从市场关系看产业组织演变。阿里巴巴、腾讯、百度、Facebook和亚马逊等几乎都呈现寡头垄断甚至完全垄断特征，它们各自形成了独特的"产业经济体"，一个产业或多个产业几乎被1~2个经济体控制，以平台组织为内核的生态型经济体，其周边围聚百万级、千万级规模的各类行业的中小微企业，形成了以平台领导者为网络核心节点的生态系统之间的竞争。

（2）从组织形态来考察产业组织演变。BAT不属于典型的企业集团、托拉斯、分包制等，而是特殊的聚合体。聚合体内部主要有两类角色：平台领导者和平台互补者。平台领导者搭建了平台，通过网络效应在周边集聚了上千万的买卖双方，而且平台领导者自身也可能会参与买卖。平台互补者则通过提供互补产品与服务、互补资源与能力，为整个生态系统赋能。

无论市场关系还是组织形态，这种产业组织的力量是历史上任何时候都没有产生过的，领导者具有强大的力量，系统内可能出现两种创新格局。

- 平台互补者创新力量被平台主体扼杀。"大树底下不长草"，依附于平台的中小型平台互补者被BAT这样的大型企业锁定，花几年时间研发出来的全新产品，上市一周就可能被仿制甚至被买断，或者因为模仿成风导致低价竞争，创新被扼杀。
- 平台领导者与互补者形成创新共同体。平台企业像一把大伞，为中小企业创新遮风挡雨。比如，今天的小米为供给侧的制造业创新赋能，产生了一批强大的创新型产品提供商，或者阿里巴巴通过市场的力量驱动创新，以制度的力量保护创新，为电商企业创新赋能。

数字创新的治理

正是因为产业组织的演变，给数字创新提供了新的机会。为了让经济体内部的组织充满创新活力，数字治理因而成为新的制度基础设施。平台领导者在整个创新生态系统中发挥了总阀门的作用，如果数字治理制度设计得好，就能给创新生态系统赋能；如果设计得不好，也可能扼杀整个系统的创新活力。

从宏观来看，经济组织的治理形式包括国家治理和社会治理两个方面。其中，国家治理的主体是各级人民政府，社会治理的主体是社会组织和个体。现在，由于线上线下多维空间的发展和组织形态的变化，带来创新主体虚拟化、创新要素数字化、创新过程智能化、创新组织平台化，导致区域创新主体边界模糊化和行为交互化，需要以数字治理机制来重新修订或定义治理主体的功能和方法。

国家治理主体

国家依靠各级人民政府通过法律和制度对经济组织进行治理，传统的法律和制度是以线下物理世界的运行逻辑来设计的，对于线上虚拟主体的治理可能会失效。我们要把坚定制度自信和不断改革创新统一起来。具体而言，在数字创新的治理方面需要做出以下三个方面的革新。

一是建立和完善制度体系以治理数字资产。比如，物质资产与数字资产在所有权、处置权和分配权上存在实质性的不同，数字资产的所有权和处置权是高度不对称的，所有权与分配权也是高度不对称的。现在，海量个人或企业数据被平台企业占有并使用，而数据所有者是不知道的，也没有分享到所有权的收益。这些问题得不到解决，数字创新成果也就没有办法得到保护。因此，国家作为治理主体，迫切需要解决好数字资产所有权与分配权、数字知识产权、数字创新成果保护等制度建设问题。

二是建立和完善数字治理法律法规。充分发挥数字治理的作用，就要加快推进研究、修法、立法，以为区域协同创新提供法律保障，为数字治理打开了一扇门。

三是形成省域内跨行政部门、省域间跨区域边界的数字协同治理平台。长期以来，政府作为行政治理主体，具有权威的不可替代性和权力行使的单向性，政府管理创新是不触动政府单一主体地位的。直到浙江省提出"最多跑一次"后，依靠数据治理和数字治理，打破了严实的行政壁垒，通过吸引多元主体共同参与，甚至形成了协同共治的局面，把这种政府治理模式扩散到全国，把政府治理改革与数字基础设施建设协同起来，就可以从技术层面解决区域协同创新的行政壁垒。

社会治理主体

社会组织、非营利企业、联盟、协会、商会等中介组织，是社会治理的重要主体。灵活柔性的社会治理正在发挥日益重要的作用，社会治理机制与其他治理机制相得益彰，发挥互补效应，构建多元治理体系，而不是把国家治理看成"万能之神"。由于社会治理是以伦理、道德、文化和认知等隐性机制为路径去实现治理的，它能有效地引导数字治理发挥社会价值、实现社会正义功能，更加高效地引导整个社会治理体系的走向。

企业治理主体

企业长期属于被治理对象，之前的市场治理，指的是政府通过市场这只"无形的手"去治理企业的行为。在如今的数字经济时代，发生了一个根本性变化，那就是企业可以充当政府和市场的代理人与守门人角色，发挥数字治理的溢出功能和代理功能。由于现在的企业组织已经成为产业聚合体，一个企业就是一个强大的产业生态系统，系统内平台企业作为领导者，整合起几千万家互补企业和几十亿个消费端客户，平台领导者可以运用数字治理的机制和手段，保证整个生态系统的有效运行。在这个系统中，企业作为市场治理主体，呈现以下新的特征。

（1）运用数字治理机制来管控交易的合法性。比如，平台领导者发挥了信用治理功能，通过成交量数据来评价平台互补者的信誉水平，通过支付系统来发挥交易过程中的担保功能，通过让假冒伪劣产品下架来代理工商部门的产品信誉控制，等等。

（2）运用数字治理机制来促进要素市场发展。平台系统中互补者之间的协同创新需要建立在技术要素、人才要素、数据要素、资金要素等流动和有效配置的基础上，平台企业依托数字治理，为技术要素流动提供巨大的市场空间，为人才要素流动提供低成本的需求信息，为资金要素流动提供相对较低的成本。

（3）运用数字治理机制代理各类政府职能。现在，以阿里巴巴、腾讯等为代表的生态型组织已经开始承接税收、人事、安全等政府机构的治理功能。政府把自己的治理权力部分让渡给平台领导者，既可以提高治理效能，还可以打破行政壁垒。新型组织越来越成为市场主体、政府代理、社会治理的混合体，经济体内部的创新要素可以突破区域行政壁垒，按照市场规则实现有序、高效的流动，成为天然的协同创新体。

本书内容架构

依托数字创新的逻辑，本书紧紧围绕"数字创新的本质""数字创新组织""数字创新的治理"这三块内容展开。本书将更多地从指导企业实践的角度出发，探究企业如何进行数字创新，如何打造数字平台型组织，如何参与数字创新生态系统的治理。通过对这三个问题的回答，本书纲举目张，试图绘就数字创新的一个全景图。具体而言，内容包括：

- 第一篇 数字创新的本质，包括第 1～3 章。数字创新的本质是什么？数字创新是如何产生的？传统企业应该如何进行数字创新？第 1～3 章分别针对这三个问题，层层深入去揭示数字创新的本质和产生过程，为企业进行数字创新提供具体思路。
- 第二篇 数字创新组织，包括第 4～7 章。本篇聚焦于数字创新催生出来的最重要的组织形态——数字平台。数字平台是什么？数字平台是如何构建和发展的？数字平台中互补者是如何进行创新的？数字平台中的用户如何驱动数字创新？围绕这四个问题，第 4~7 章对数字平台型组织进行了系统而深入的阐述。

- 第三篇 数字创新的治理，包括第 8~9 章。数字经济时代，企业成了创新生态治理的主体，发挥着全新的作用。本书把治理视角从传统的以政府和社会为主体，切换到以企业为主体，回答"企业主导的数字创新生态系统应该如何治理"这一问题，厘清企业治理主体在数字经济时代充当的角色。第 8 章对数字创新生态系统的结构进行了剖析，第 9 章详细阐述了数字创新生态系统的治理内容、机制和模式。

以上就是本书的内容安排，期待读者和我们一起领略数字创新的奥妙！

本书是国家社会科学基金重大项目（编号：17ZDA050）的成果。之前类似的成果大多行文严谨而晦涩，我们这次希望采用"通俗且系统严谨"的行文风格把成果奉献给大家。这对习惯于学术表达风格的我们来说，是很有挑战的，是一次新的尝试。魏江负责本书的总体设计、指导和修改校订等工作，以及前言的执笔。刘洋负责本书撰写的具体协调、修改等工作。初稿的撰写分工如下：第 1 章、第 2 章由刘洋和董久钰执笔，第 3 章由刘洋、应瑛执笔，第 4 章由邬爱其、刘一蕙执笔，第 5 章由魏江、杨佳铭执笔，第 6 章由魏江、杨洋、缪沁男执笔，第 7 章由魏江、刘嘉玲、陈光沛执笔，第 8 章由魏江、杨升曦、孙聪执笔，第 9 章由魏江、赵雨菡、郑杰执笔，结语由魏江、刘洋执笔。

魏江

2020 年夏于启真湖畔

DIGITAL INNOVATION **目录**

序

前言 数字创新的逻辑

第一篇 数字创新的本质

第 1 章 数字经济时代的创新 / 4

数字技术的特性 / 6

数字创新的定义 / 11

数字创新的类型 / 15

第 2 章 让数字创新接续迸发 / 23

数字创新启动四步走 / 24

数字创新开发的四个关键要素 / 32

数字创新应用的三重保障 / 36

第 3 章　赋能创新：让企业不再传统 / 39

传统企业的困境 / 41
数字技术赋能商业模式创新 / 42
"让数据来说话" / 48
"五力"支撑传统企业"破茧重生" / 53

第二篇　数字创新组织

第 4 章　解构数字平台 / 60

常见的数字平台 / 60
三种视角下的数字平台 / 63
数字平台的四大特性 / 69
设计平台架构以管理结构复杂性 / 77
设计治理机制以管理行为复杂性 / 81

第 5 章　数字平台的崛起 / 89

确立核心价值主张 / 91
利用社交分享突破"冷启动"门槛 / 98
通过业务包络急速扩张 / 101
建立平台组织支撑发展 / 106

第 6 章　赋能互补者 / 109

交易型平台赋能商家的策略 / 111
创新型平台的"赋能"与"竞争" / 120

第 7 章　用户引领数字创新 / 128

在线用户社区的崛起 / 130

理解在线用户社区 / 134

从在线用户社区中识别变革机会 / 137

利用变革机会的三步走战略 / 141

开放策略的选择与风险 / 148

第三篇　数字创新的治理

第 8 章　理解数字创新生态系统 / 158

从"网络"到"生态"/ 159

创新生态系统的构成及类型 / 162

构建创新生态系统的两条路径 / 167

创新生态系统的结构 / 175

第 9 章　治理数字创新生态系统 / 184

健康的创新生态系统 / 186

三类核心治理机制 / 192

开放式治理与封闭式治理 / 202

中心化治理与扁平化治理 / 206

结语　在数字孪生世界里畅游 / 210

第一篇

数字创新的本质

1999年9月3～6日，一场"72小时互联网生存挑战"获得了全国网民的关注（尽管当时全国网民只有约890万㊀），12名志愿者居家隔离，只能通过网络来生存，除了1名志愿者因不会拨号上网而失败后，其他11名志愿者全部通过挑战。㊁此次活动成功举办后引发了全国大讨论，网民旋即开始快速增长，许多电商网站顺势开张。

20年后的今天，突如其来的新冠疫情让全国人民都接受了一场更大规模、更长时间的"互联网生存挑战"，但此时境况却与20年前天差地别。得益于数字技术的快速发展，即使在现实世界中被隔离，今天的我们依然能够在一个数字化的生存空间里继续交流、学习、工作和生活。

疫情按下了数字化革命的加速键，身处其中的我们该如何参与甚至引领数字化的发展？

要回答这个问题，我们必须理解数字技术和数字创新的本质（见图P1-1），这也是本书第一篇重点关注的内容。事实上，业界常用ABCD来指代现阶段兴起的数字技术：A指代人工智能（AI），B指代区块链（blockchain），C指代云计算（cloud computing）、D指代大数据（big data）。这些由信息、计算、沟通和连接技术组合的数字技术，都是由二进制数字"0"和"1"组成的。这就意味着现实世界的所有内容都需要转化为二进制的数字，这是数字空间的基石；所有对这些二进制数字组成的大量数据进行处理的程序在本质上也由许多二进制的数字所组成。

基于这一本质，我们就可以理解以这些数字技术为核心的新产品、

㊀ 新京报. 中国互联网20年发展报告：网民规模全球第一 [EB/OL]. (2015-12-16) [2020-03-01]. http://news.haiwainet.cn/n/2015/1216/c3541083-29455145.html?nojump=1.

㊁ 人民日报. 我国首次72小时网络生存测试专题 [EB/OL]. (1999-9-16) [2020-03-01]. http://www.people.com.cn/item/wlcs/index.htm.

新工艺、新组织和新商业模式的背后的逻辑（第1章）。为什么"跨界颠覆"如此盛行？为什么"迭代创新"成为数字经济时代的创新利器？本质上，这是因为数字技术都是二进制数字且可以不断重新编程迭代，催生出收敛性（convergence）和自生长性（generativity）这两个特性。

- 收敛性：技术汇聚、组织跨界和产业融合，让传统的产业、组织、部门甚至产品边界变得模糊且不重要。
- 自生长性：让数字创新可以沿着动态的、自我参照的、可延展的方向不断改进变化，生成迭代式的衍生创新。

进一步，数字创新是如何产生的？我们在第2章中把数字创新开发过程描述成一个强调设计逻辑、开放式创新、情景交融和持续迭代的动态交互过程，详细阐述了数字创新的启动、开发和应用等环节的核心要点。第3章从传统企业的角度出发，探讨数字经济时代传统企业应该如何破茧重生。我们提出了一个赋能传统企业进行数字商业模式创新与重构的"五力"框架，以展示数字创新的逻辑到底如何在企业管理中应用。

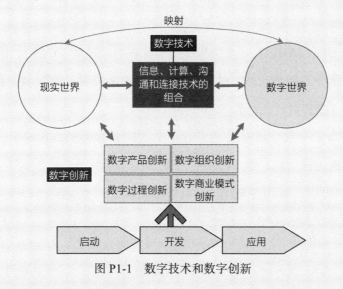

图 P1-1　数字技术和数字创新

DIGITAL
INNOVATION

第 1 章

数字经济时代的创新

欢迎来到数字世界!

在数字世界中,我们可以办公、上课、社交、问医、网购、看视频、刷八卦等,甚至可能会有一个与现实世界完全不同的身份。这一切得益于以"ABCD"(A 为人工智能,B 为区块链,C 为云计算,D 为大数据)为代表的数字技术⊖的兴起和快速发展,催生出大量的数字创新(如各类智能产品、App 等)。

事实上,数字技术已经渗透进生活的方方面面,加速重塑了整个世界的经济面貌,数字经济已经成为世界经济增长的新引擎。一个

⊖ 或者更为宽泛的 SMACIT 技术(S 为社交相关技术,即 Social;M 为移动相关技术,即 Mobile;A 为分析相关技术,即 Analytics;C 为云相关技术,即 Cloud;IT 为物联网技术,即 IoT),参见:Sebastian I M, Ross J W, Beath C, et al. How big old companies navigate digital transformation [J]. MIS Quarterly Executive, 2017, 16(3): 197–213.

有趣的数据对比可以清晰展现数字化变革的速度是如何加快的：移动电话的推出经过了12年才突破了用户5000万的大关，数字平台Facebook仅用4年的时间即拥有5000万用户，而微信（Wechat）只用了一年就达到同样的用户规模。⊖

而中国互联网普及率逐年增长，已经成为数字创新的沃土。2020年3月，中国网民规模为9.04亿人，互联网普及率为64.5%⊜，而数字经济增加值规模在2019年年底就达到了35.8万亿元（见图1-1），占GDP的比重达36.2%。⊕

图1-1 数字经济的规模（增加值口径）

注：根据历年《中国数字经济发展白皮书》数据绘制。

⊖ Jeff Desjardins. How long does it take to hit 50 million users? [EB/OL].（2018-06-08）[2020-03-03]. https://www.visualcapitalist.com/how-long-does-it-take-to-hit-50-million-users/.

⊜ 中国网信网. 第45次中国互联网络发展状况统计报告 [EB/OL].（2020-04-28）[2020-05-03]. http://www.cac.gov.cn/2020-04/27/c_1589535470378587.htm.

⊕ 中国信息通信研究院. 中国数字经济发展白皮书（2020年）[EB/OL].（2020-07）[2020-07-15]. www.caict.ac.cn/kxyj/qwfb/bps/202007/t20200702_285535.htm.

那么，数字创新是如何驱动经济发展的？数字世界的本质到底是什么？要厘清这些问题，我们必须先理解数字世界的底层基石——数字技术的本质。本章首先阐述数字技术的本质，而后阐述数字创新的内涵和具体类型。

数字技术的特性

各类在线媒体经常用一些眼花缭乱的词语来描述数字技术，如大数据、人工智能、云计算、区块链、物联网、虚拟现实技术、量子计算技术等。数字技术看似纷繁复杂，但本质上就是一系列的信息、计算、沟通和连接技术的组合（见图1-2）[一]。

物联网技术就是由智能硬件（包括射频识别、红外感应器、全球定位系统、激光扫描器等信息传感设备，其中软件部分涉及信息技术）、网络通信协议（涉及连接技术）、服务端开发框架（涉及沟通、连接、计算技术等）等组成，共同形成了物物连接，进行信息交换和通信的网络，最终实现对物品的智能化识别、定位、跟踪、监控和管理。美国计算机行业协会（Computing Technology Industry Association，CompTIA）预测2020年全球物联网设备的数量将达501亿台[二]，物联网世界已经到来，并且正在改变许多产业形态。正如Google前

[一] 刘洋，董久钰，魏江. 数字创新管理：理论框架与未来研究 [J]. 管理世界，2020(7): 198-217.

[二] 美国计算机技术行业协会. Internet of things insights and opportunities [EB/OL]. （2016-07-01）[2020-03-03]. https://www.comptia.org/content/research/internet-of-things-insights-and-opportunities.

CEO、Alphabet 公司（Google 的母公司）前执行董事长埃里克·施密特所言："互联网即将消失，一个高度个性化、互动化的有趣世界——物联网即将诞生"○。

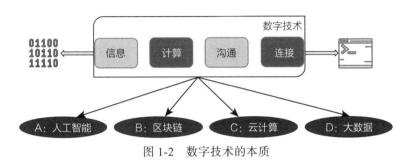

图 1-2　数字技术的本质

人工智能技术是指机器系统正确解释外部数据，从这些数据中学习，利用这些知识通过灵活适应实现特定目标并完成特定任务的能力，○其发展依赖于日益海量化的数据（与信息技术相关）、持续改进的计算能力（与信息与计算技术相关）、不断迭代和优化的算法模型（如深度学习算法等，与计算技术相关）以及不断拓展的应用场景（与沟通和连接技术等相关）。人工智能技术发展与应用就是逐步"用机器换人"的过程，现阶段已在医疗、教育、金融等诸多领域中得到广泛应用。

这些技术看似复杂，但让我们换个角度，从"0"和"1"两个数字开始理解数字技术。数字技术的最底层原理就是把现实世界

○ 中新网. 物联网时代，康佳引领营销新风向 [EB/OL].（2019-07-19）[2020-03-03]. http://www.xinhuanet.com/tech/2019-07/19/c_1124775412.htm.

○ Kaplan A, Haenlein M. Siri, Siri in my hand, who's the fairest in the land? On the interpretations, illustrations and implications of artificial intelligence [J]. Business Horizons, 2019, 62(1): 15-25.

的所有信息，包括文字、图像、音频、物体等，都转化为二进制的"0"和"1"。对这些信息进行处理的程序底层也是二进制的"0"和"1"。这些二进制数字组成了数字世界的基本构成，同样的数据因不同的人用于不同的目的而呈现出不同的结果和价值（见图1-3）。基于这一逻辑，数字技术就具有了数据同质化（data homogeneity）、可重新编程性（reprogrammability）和可供性（affordance）这三个层层递进的特性。

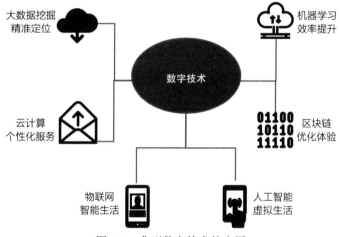

图1-3　典型数字技术的应用

数据同质化

数据同质化是指数字技术把所有的信息，包括视频和音频等，都转化为二进制数字"0"和"1"进行处理，在这个操作的过程中，具有二进制特征的数据被同质化处理。

例如，美的集团通过数字化营销，将用户的购买记录、购买渠道、地域、使用偏好等信息全部标签化。在标签化过程中，数字技术将多样化的文字或视频信息均同质化为二进制数字。标签化后的每条用户记录可以打上近 600 个标签和多级标签属性，进而形成对每一个用户唯一且完整的 360 度用户画像（见图 1-4）。美的集团基于此用户大数据库，进行大规模定制，更为精准高效地满足市场需求。

图 1-4　美的用户画像流程

进一步，对数据进行处理的程序也是二进制数据，这就使得对数据的采集、挖掘和分析在不同应用场景里可以持续使用和迭代创新。例如，字节跳动把人工智能应用到移动互联网场景之中，开发的今日头条、抖音、TikTok（抖音国际版）、西瓜视频、悟空问答等 App 不仅占据了中国巨大的市场，同时也开始走向国际市场，其中 TikTok 全球下载量已达 19 亿次。

可重新编程性

如前所述，由于数字技术将所有的数据和信息都转换成二进制数字"0"和"1"，同样地，对这些信息处理的程序也是数据，因此其数据格式同样为二进制数字"0"和"1"。因而，数据的重新编程变得十分容易，这就是数字技术的可重新编程性。当企业想要利用数字技术时，先要编辑数据使其符合企业的"气质"，存入企业的数据库，而后对数据的处理程序就可以不断地随着数据的累积和本身技术的发展而自我发展。

例如，宝钢集团在将物联网、云计算、大数据等新技术与全供应链融合应用的过程中，先将决策程序编辑成数据，存储在宝钢的信息库中，构建起符合宝钢整个制造流程的智能制造体系，而后随着数据的增长和新技术的发展，这个智能制造体系不断重新编程以更新迭代。

可供性

当数据被数字技术同质化处理后，这些数据就很容易被重新编程。同样的数字技术被不同企业和不同主体应用可以达到不同的目的，产生不同的效果，释放出不同的潜能，创造不同的价值，这个特性被称为数字技术的可供性。例如，企业对用户在手机上使用社交媒体产生的大数据进行分析，可以实现实时定价、个性化定制等不同目的（见图1-5）。

图1-5 大数据的不同应用

目前诸多企业应用 5G 技术提升企业的能力，不同的企业会根据不同的目的应用 5G 技术。例如，华为运用 5G 芯片打造全生态应用场景。具体来说，华为通过打造车联网平台实时将车辆信息传递到华为 5G 基站，这些基站采集实时的路况信息和行人信息并汇总传递到计算中心进行数据计算，之后再将自动驾驶方案发给华为 AI 自动驾驶系统。

与构建全生态应用场景的目的不同，百度主要利用 5G 加强企业的数字基础设施建设。具体而言，百度正在探索"5G+AI+边缘计算"的垂直合作模式。为此，百度与英特尔共建"5G+AI 边缘计算联合实验室"加速移动边缘计算的研发；与中国联通共建"5G+AI 联合实验室"；与中兴通讯和中国电信在雄安新区开展基于 5G 的感知共享技术研发等（见表 1-1）。

表 1-1 华为与百度的 5G 应用对比

华为	百度
打造全生态应用场景	加强数字基础设施建设
打造车联网平台	加快数字技术（边缘计算、5G、AI）研发
以 5G 芯片为基础，打造自动驾驶系统	共建研发实验室

数字创新的定义

在理解数字技术的本质后，数字创新的本质就比较清晰了。下面，让我们来看一下常见的相关定义。

习近平总书记在 2018 年网信工作会议上，谈到推动产业数字化时，提出要"利用互联网新技术新应用对传统产业进行全方位、全角度、全链条的改造，提高全要素生产率，释放数字对经济发展的放大、叠加、倍增作用"[一]。

国务院发展研究中心将数字化转型定义为："利用新一代信息技术，构建数据采集、传输、存储、处理和反馈的闭环，打通不同层级与不同行业间的数据壁垒，提高行业整体的运行效率，构建全新的数字经济体系。"[二]

阿里研究院认为："数字化转型的本质是，在数据+算法定义的世界中，以数据的自动流动化解复杂系统的不确定性，优化资源配置效率，构建企业新型竞争优势。"[三]

综合这些不同的阐述，本书对数字创新给出一个较为全面的定义：数字创新是指在创新过程中采用信息、计算、沟通和连接技术的组合，并由此带来新产品、改进生产过程、变革组织模式、创建和改变商业模式等。

这一定义包含三个核心要素：一是数字技术，它是信息、计算、沟通和连接技术的组合，如大数据、云计算、区块链、物联网、人工智能、虚拟现实技术等。二是创新产出，常用的创新产出包括产品创新、流程创新、组织创新和商业模式创新等。三是创新过程，和一般创新过

[一] 新华网.互联网助力战"疫"，习近平的这些话更显意义非凡[EB/OL].（2020-04-20）[2020-05-03].http://www.xinhuanet.com/politics/xxjxs/2020-04/20/c_1125879647.htm.

[二] 经济日报.国研中心报告指出——传统产业数字化转型需因"业"制宜[EB/OL].（2018-04-09）[2020-03-03].http://www.gov.cn/xinwen/2018-04/09/content_5280758.htm.

[三] 安筱鹏.拥抱不确定性：从"战疫"看企业数字化转型的五大启示[EB/OL].（2020-04-10）[2020-05-03].http://www.aliresearch.com/cn/information/informationdetails?articleCode=56965024610127872&type=%E6%96%B0%E9%97%BB.

程的关键区别在于，本定义强调创新过程中对数字技术的应用。

基于数字技术在创新过程中的应用，我们认为，数字创新使得传统的组织边界、企业边界甚至产业边界变得模糊且不重要，这是数字创新收敛性的体现。此外，数字技术的数据同质化和可重新编程性这两个特性使创新的迭代速率呈指数级上升，这是数字创新自生长性的体现（详见创新聚焦1-1）。

华为的数字2.0战略

华为的数字2.0战略是在华为已有的企业愿景上提出的，即实现智能华为。在实施数字2.0战略的过程中，华为通过深入理解数字技术的本质，根据数字创新的特性选择创新行为并作为战略实施的第一步。

首先，华为利用人工智能技术的自生长特性，将其应用于服务端，进行全面的消费赋能，进而提供智能化产品以提升服务价值，增强华为的整体竞争力。例如，华为非常强调个性化服务，通过提升产品的智能推荐等功能推动产品高端化，增加市场份额。

其次，华为利用物联网"万物互联"技术的可供性，推出应用于智能驾驶的解决方案，以及应用于摄像头和无人机等物联网设备的AI加速模块，以此助力企业客户迈向全互联时代。

此外，华为利用数字技术的数据同质化和可重新编程性这两个特性实现业务与技术的双轮驱动。这使得华为能对自身数字化转型和数字化运营经验进行总结，并对外输出，成为华为企业服务的重要内容，提升企业部门业务的附加值。

资料来源：孙茂录. 华为企业服务发展战略 2.0 深度解读 [EB/OL].（2019-09-18）[2020-05-01]. https://e.huawei.com/cn/eblog/services/2020/service-development-strategy2.

数字创新的收敛性

数字创新的收敛性是指数字创新能够突破甚至颠覆原有的产品、组织和产业边界。整合数字技术和传统物理实体产品的智能产品突破了原有产品的使用范围，新的数字化产品边界已经不再明晰。例如，现在很常见的可穿戴健身设备，它能捕捉不同类型的身体数据，包括运动水平和睡眠状况等。这些可穿戴健身设备已经替代了传统运动手表和计步器，突破了传统的健身设备的产品范围，向电子设备产业进军。再如，汽车共享使用模式已经突破了原有汽车的商业模式，采用这种模式的企业可以随时随地为客户提供交通工具。

数字创新的自生长性

数字创新的自生长性是指由于数字技术是动态的、可自我参照的、可延展的、可编程的，数字创新可以持续改进、变化。现在，最常见的 App 等数字产品可以根据用户的反馈及运营过程中出现的各种问题进行实时的迭代创新就体现了这一特点。例如，微信 2011 年刚上线时只有四个功能：设置头像和微信名、发送信息、发送图片、导入通讯录。随着用户需求的不断升级和数字技术的不断完善，微信逐步增加了查看附近的人、发送语音、发送视频、摇一摇等功能，逐步转变为熟人和陌生人社交的工具。2012 年 4 月，微信 4.0 版本上线，开始支持相册功能和朋友圈功能，逐步演化成为一个社交平台。2013 年加入的微信支付、公众号、服务号、扫一扫等功能，使微信成为一个庞大的、中国移动互联网的核心枢纽。每一次更新都是基于微信 1.0 版本的逐步改进、延展和迭代。

由数字创新的自生长性而演化出来的迭代创新也可在医疗行业中略见一斑。例如，众安保险联合腾讯、丁香园，在糖大夫智能血糖仪的数据基础上，推出糖尿病并发症保险"糖小贝"，该保险可以根据客户的实时血糖值动态调整保额。保险公司通过对大量复杂数据的分析精准识别客户风险，改变传统定价模式，实现了基于风险的个性化动态智能定价。

再如，数坤科技在新冠肺炎期间，快速研发了新冠肺炎人工智能辅助诊断系统，这一产品的关键在于利用 AI 技术在短时间内实现对 CT 影像信息的快速准确识别并对病变特征进行量化评估，而产品性能会随数据的累积逐步提升。

数字创新的类型

数字创新的范围之广，企业往往不可能同时利用数字技术改变产品结构、组织运营过程、组织架构和商业模式。由于资源禀赋有限，企业需要识别不同数字创新模式的区别并针对某一种或某几种创新进行努力。

数字产品创新

最常见的数字创新当属数字产品创新。数字产品创新就是数字产品包含了数字技术。换言之，数字产品创新是指对特定市场来说新的产品或服务包含了数字技术，或者被数字技术所支持。数字产品创新主要包含两大类：纯数字产品与数字技术和物理部件相结合的产品（常说的智能互联产品）。

（1）纯数字产品，诸如 App 等只有数字技术支持的产品。人们利用纯数字产品购买商品、与朋友聊天、获取新闻、打开或关闭家中电灯、办公或娱乐等。全球一半以上的人口都是互联网用户，数字产品已然成为人们与世界沟通的重要手段，即使不少数字技术产品仅仅是在后台默默运行。例如，中国平安的陆金所推出了基于 AI 算法的智能化理财产品，从用户的实际操作和数据出发，客观了解用户的风险承受能力与风险偏好，为其提供个性化理财方案。诸如 Keep 等社交运动软件从本质上也是以数字技术为基础的。

（2）智能互联产品，这类数字产品是数字技术与物理部件结合后的产品。例如，小米与雀巢怡养合作推出了"雀巢怡养小米 MIUI 智能营养健康平台"。用户通过小米智能穿戴设备记录健康数据后，平台依靠大数据和科学算法为用户提供个性化营养报告与膳食建议。这个智能互联产品中，物理部件只是其中一部分，智能营养健康平台还包含了操作系统、应用软件、用户交互系统等数字部件，并和云端数据进行连接，形成了一个新的产品系统。⊖

⊖ Porter M E, Heppelmann J E. How smart, connected products are transforming competition [J]. Harvard Business Review, 2014, 92(11): 64-88.

要进行数字产品创新,企业应该至少特别关注以下三个方面。

- 数字产品创新需要一整套数字技术基础设施的支持。数字部件和产品云的开发需要企业对应的数字基础设施支持(见图1-6)。
- 数字产品创新过程中要特别关注不同数字资源的整合与重组。例如,天气、交通、地理位置、社交网络等相关的外部数据在互联网上已经广泛存在,整合这些数字资源,并结合餐馆的数据,即可形成大众点评、美团外卖等创新产品。
- 数字产品创新过程要与企业战略产生协同。无论如何,纯数字产品或智能互联产品的推出都需要与企业战略形成协同。

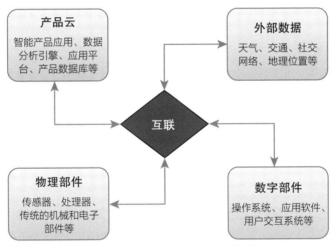

图 1-6 典型智能互联产品的构成

数字流程创新

数字流程创新是指数字技术的应用改进、完善甚至重构了原有创新的流程框架。在数字经济时代,创意产生、产品开发、产品试制与制造以及物流和销售等环节都可能被数字技术所颠覆。

例如,在产品研发阶段,数字仿真、数字孪生技术的支持,使企业研发成本大大降低;物联网技术的支持使得企业生产流程各环节变得十分透明;客户通过虚拟客户环境(VCE)参与包括产品构思、产品设计和开发、产品测试、产品营销和传播以及产品支持等价值创造活动;3D技术的使用让不同的参与者在不同时间和地点可以参与创新过程。

数字孪生(见图1-7)作为工业4.0的重要内容,通过构造物理世界的完全镜像——数字世界,赋能数字化与智能化运营。以TCL集团为例,它的智能化工厂运用了数字孪生技术,通过对物理工厂的完全数字镜像,实现了生产前的预演、生产中的监控诊断再到生产后的评估优化。全面导入AI诊断,通过物联网收集生产线数据,继而进行大数据分析,利用AI技术结合专家经验建立模型进行AI诊断,实现生产流程的自检与自我优化。

再如,百布是中国最大的纺织布料智能供应链平台,致力于整合升级中国的纺织产业供应链,对纱线、织布、印染、服装等全产业链各环节进行人工智能物联网的数字化改造。2019年,已铺设人工智能物联网设备超过10万台,大幅提升纺织产业的运营效率。

在进行数字流程创新中,要注意两个方面。首先,数字流程创新的时间和空间边界变得模糊,换句话说,由于数字技术的引进,很多传统的时间和空间限制变得不再重要。其次,数字流程创新中往往会涌现出许多衍生创新(derivative innovation),这一点至关重要,但却往往被忽略。

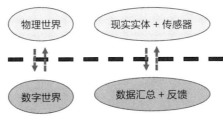

图 1-7　数字孪生体系

数字组织创新

数字组织创新，是指数字技术使组织结构和治理结构发生改变。数字技术引起了诸如交易处理、决策制定、办公方式甚至企业形态的改变。比如，阿里巴巴 2015 年为适应数字经济而启动了中台战略，重构了组织模式和运行机制（见图 1-8）。在这一过程中，首席数字官总体协调，推动组织运营模式与数字技术的融合。

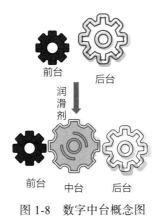

图 1-8　数字中台概念图

专注于"电"相关产业的正泰集团 2014 年便任命了首席数字官，

负责集团的大数据部建设和运营。从 2014 年开始，正泰集团通过要素数字化、生产智能化、管理平台化三个步骤逐步实现了公司的数字化转型。其中，首席数字官协调下的组织平台化过程就是典型的数字组织创新过程（见图 1-9）。

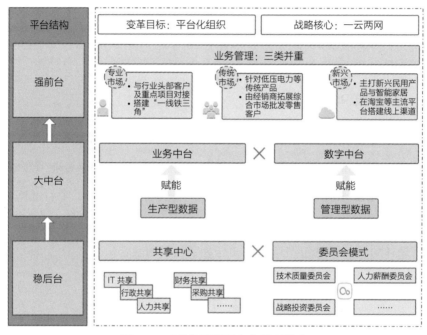

图 1-9　正泰集团的平台化管理模式

特别需要强调的是，数字组织创新过程和组织文化密切相关，仅仅改变组织流程和组织结构还远远不够，企业还需要塑造适合数字创新的组织文化。

数字商业模式创新

数字商业模式创新，是指数字技术的嵌入改变了商业模式。商业模式指的是描述价值主张、价值创造和价值获取等活动联结的架构，数字技术的嵌入可以通过改变企业价值创造、价值获取的方式来改变企业的商业模式（详见创新聚焦1-2）。

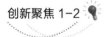

魔筷科技的商业模式创新

短视频月活[⊖]用户规模从2017年开始呈现爆发式增长，快手是其中的典型代表。据魔筷科技估计，快手2020年3月的月活接近5亿，观看直播用户的日均使用时长达到120分钟。这一趋势下催生了一种重要的商业模式：快手直播电商模式。这种模式可以让买家增强用户体验，卖家提高售卖效率。

正是由于看好这一模式，2015年成立的魔筷科技专注于快手平台，着重关注更好地连接、赋能和服务网红、供应商和流量平台，以此作为快手生态系统中的一个重要节点。

基于此，魔筷科技形成了自己的核心价值主张，即通过"货源"与"网红"的精准匹配，高效触达消费群体。为实现这一价值主张，魔筷科技重点进行了如下三个方面的价值创造活动：

第一，大力提升SaaS（Software-as-a-Service，软件即服务）平台的能力，提供高度稳定可靠的系统，并通过持续迭代，为直播电商网红提供各类实用的功能。

第二，积极寻找货源，构建适合直播销售的供应链体系。特别地，

⊖ 月活是指去除重复后每月活跃用户的数量，是评价数字产品的用户使用量的一个指标。

考虑到直播电商关注的产品品类、价值点等方面的独特性，魔筷科技着重于对供应链进行赋能来打造爆款。

第三，打造魔筷科技直播基地，赋能主播。主播是最终带货的关键，如何赋能主播是魔筷科技的一个重要内容。通过在全国范围内逐步打造100个魔筷科技直播基地，从根本上提升赋能主播的能力，成为魔筷科技的下一步发展重点。

通过以上三个方面的努力，魔筷科技形成了S2B2C这一高效连接、赋能供应链和网红，进而直接对接C端客户的新型数字商业模式。

传统企业如何进行数字商业模式创新？不外乎以下三种策略。⊖

第一，数字增强：不改变现有商业模式，而是通过数字技术来增强企业与客户及其他利益相关者之间的交流互动。现阶段中国大部分企业采用这样的方式。

第二，数字拓展：采用数字技术来拓展现有的商业模式。数字技术可以帮助企业开拓新的细分市场，拓展市场分销渠道等。例如，《经济观察报》在原有纸质报纸售卖渠道的基础上，逐步开始实行付费购买数字出版物的模式，增加了新的分销渠道。

第三，数字转型：通过数字技术来整体改变现有的商业模式。例如，海尔正在推出用户全流程参与体验的COSMOPlat平台，让用户全链条参与设计研发、生产制造、物流配送、迭代升级等环节，以用户需求驱动企业不断创新，这就从根本上改变了传统家电制造企业的商业模式。

⊖ Li F. The digital transformation of business models in the creative industries: A holistic framework and emerging trends [J]. Technovation, 2017, 12(4): 1-10.

DIGITAL
INNOVATION

第 2 章

让数字创新接续迸发

数字创新是如何产生的？根据数字技术的数据同质化、可重新编程性和可供性，在数字创新过程中，我们很难事先就界定好此次数字创新的主体是谁，面对的目标客户需求是什么，在创意产生、专利开发甚至产品商业化的各个环节应该怎么做都不甚清晰，很少有企业能够清楚地回答"哦，按照我们的日程表，我们的下一步该怎么做"这个问题。

为了方便叙述，本章把数字创新过程分为启动、开发和应用三个阶段。

- 数字创新的启动阶段，即企业为数字创新做好准备，配置资源，协调组织结构和组织内活动，启动数字技术创新的过程。

- 数字创新的开发阶段，即企业将识别出来的数字创新机会，真正应用到开发计划中，使之成为新的数字技术产品。
- 数字创新的应用阶段，将"我们已经准备好拿去接受市场考验的产品"，真正应用到市场上的过程。

那么，每一阶段都会遇到什么样的挑战和风险呢？进而，企业应该怎样去应对这些挑战和风险，并真正将产品落地，最终让数字创新接续迸发呢？

数字创新启动四步走

在数字经济时代，很多企业都已经意识到了数字创新的重要性，很多企业也会有"我们需要马上动起来，我们也必须采取行动"的想法。然而，真正能够进行数字创新的企业却寥寥无几，能够从启动数字创新到真正产出数字创新产品的企业更是凤毛麟角。

究其原因，数字创新的风险较高，在启动阶段，企业无法通过传统的"已经了如指掌的创新实施规则和步骤"去安排数字创新，这是因为企业内部有"三座大山"需要翻越（见图2-1）。

第一座大山：企业高管的阻力。企业高管往往要对企业的股东和其他利益相关者负责，他们做出一个战略决策，往往需要进行准确的风险评估，包括体现在资产负债表中的财务和风险评估。而数字创新正是一个难以被评估出来的创新，同样的技术应用到企业组织中或企业原有产品中，所能产生的效果是所有人都无法估计的。因此，高管一般不愿意承担这样的风险而去干涉数字创新的安排。通常，许多大企业的高管会这样回应数字创新："数字创新很重要，但也不应该是我们需要做的事儿，由阿里它们先来吧。"

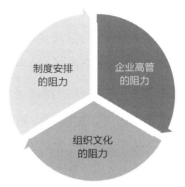

图 2-1　数字创新启动的"三座大山"

第二座大山：组织文化的阻力。现有组织文化会使得组织内部许多员工不愿意甚至反对为数字创新做出改变。数字创新整个过程涉及组织内部结构、员工工作任务等变革，组织流程、基础设施、企业制度安排都或多或少会受到影响。通常，企业的真实情境是"许多员工虽然能够服从组织安排，但他们内心并不知道企业为什么要这么安排。以研发部为例，IT 和研发部都不知道此次数字创新的最终产品是什么，只能按照自己的想法进行试制和设计，最后产品是否符合公司的要求，他们对此并不十分清楚"[⊖]。所以，最常见的情况是，企业已经识别到数字创新的机会，但是，由于组织文化的阻力，未能如愿启动。

⊖ Svahn F, Mathiassen L, Lindgren R. Embracing digital innovation in incumbent firms: How Volvo cars managed competing concerns[J]. Mis Quarterly, 2017, 41(1): 239-253.

第三座大山：制度安排的阻力。通常，公司的制度安排都经过公司多年的实践、消化与吸收，已经成熟并趋于固定。固定的制度安排会阻碍创新活动的启动。很少有企业会为了一个非常冒险、不知道结果、时好时坏的活动赌上公司多年的实践和经营经验，这也是很多曾经的巨头受到突破式技术冲击时失败的原因。比如，最先创造出数码照相机的柯达却因制度安排的阻碍没能实施数字创新而在一夜之间"崩塌"。

如何克服这"三座大山"呢？我们提出了一个"四步走"策略（见图2-2），为数字创新做好准备，迎接即将到来的挑战。

图2-2　数字创新启动的"四步走"

第一步，制定数字战略

数字战略是企业利用数字资源进行价值创造的战略，是企业宏观层面而非职能层面的战略。如果仅仅把数字战略作为一个具体职能层面的战略，那么数字创新很难成功（详见创新聚焦2-1）。事实上，企业在为数字创新做准备、迎接数字经济时代的过程中，首先需要根据外部数字经济发展趋势和自身的组织条件、资源禀赋，做出以下决策：

- 企业目标是要推出哪些数字产品？
- 企业如何改进原有的创新流程？
- 企业是否调整原有的商业模式，进行价值创新？
- 企业是否需要构建平台或生态系统？

- 企业怎样与潜在的合作伙伴进行价值合作？

需要明确的是，在为数字创新进行组织准备时，制定一个被整个组织所接受的数字战略至关重要。究其原因，数字战略为整个组织提供数字创新的愿景、行动纲领和具体策略。有了数字战略的引领，组织成员才能充分交流，以深入理解和启动企业的数字创新活动。

正泰的数字战略

现阶段，智能制造和数字技术的快速发展，让成立于1984年，关注从发电、储电到售电、用电全产业链的传统制造企业——正泰集团面临极大挑战。2019年，正泰正式提出了"一云两网"的数字战略，让数字战略成了集团战略的核心。具体而言，正泰的"一云两网"战略关注以下三个方面。

第一，以"正泰云"作为数字技术的基础设施。这一数字基础设施将为正泰内部和外部的供应商、合作伙伴等进行数字化转型提供支持。

第二，以正泰智能制造体系作为正泰集团数字化发展的关键。依托工业物联网技术，正泰将全面改造内部传统的制造体系，引领电气行业数字化、智能化制造的发展。

第三，以正泰智慧能源体系作为正泰联合利益相关者构建区域能源物联网的关键依托。通过能源物联网，正泰进一步拓展新能源、能源配售等核心业务；依托大数据、能源增值服务等，把利益相关者纳入能源物联网这一生态体系中。

第二步，架构数字资源

大数据、人工智能、万物互联技术（移动互联网、物联网）、分布式技术（云计算、区块链）、安全技术（生物识别、加密、量子技术）正在深刻地改变着整个商业生态。因此，成功启动数字创新的企业要能很好地把握这些新兴技术，全面优化支撑业务的市场设施。科技构成了企业的核心竞争力，面对业务和市场的千变万化，企业要有更快速的响应能力、更安全的保障能力和更稳健的支持能力。

所以，启动数字创新还要架构数字资源，在对已有的数字资源进行全面的理解后，企业还要对组织内外潜在的可以数字化的资源和信息有一个全面的理解。例如，总注册用户超过 2500 万[⊖]的酷家乐通过汇聚各类数字资源，以设计为入口，为家居企业提供覆盖设计、营销、生产、施工、管理、供应链等场景的解决方案和服务，实现家装设计的"所见即所得"。

再如上汽大通为消费者提供汽车定制服务，消费者可以在 4S 店或网络平台上定制车辆配置，从动力系统到座椅和配饰，消费者只须用一个平板电脑就可完成配置并下单。一辆定制汽车最快 20 天就可以下线。

上汽大通提供的这一高度定制化服务离不开公司先进的全球采购和自动化总装系统。下单完成后，后台系统将相关数据进行分解，再将需求信息发送给全球供应商，如意大利的座椅面料商、德国的变速箱厂商、日本的电动移门厂商等，先进的供应链系统将全球采购的零

⊖ 酷家乐 2019 年度报告出炉，设计师集体炫富：省下的渲染时间都是钱 [EB/OL]. https://caijing.chinadaily.com.cn/a/201912/27/WS5e05d045a31099ab995f412d.html.

配件、材料汇聚到总装车间进行定制化生产。上汽集团还将与国外企业进行人机交互新理念的探讨并将研究成果运用到新产品中㊀。

需要特别强调的是，企业不仅需要架构已有的数字化实体资源，还需要架构数字化人力资源，这是因为企业在数字创新过程中非常需要懂得数字技术的相关人员。企业需要为数字创新建立一个团队，这个团队需要整合具有不同技能的员工，这些员工通过共同的持续学习来更新企业的创新技能，进而开展数字创新活动。

因而，在数字经济时代，公司亟须雇用合适的人才，尤其是数据科学家，为企业创造有形的价值。例如，阿里巴巴、腾讯就大规模聘请数据科学家来推动数据驱动型创新。数据科学家在整个公司内部推动数字化文化建设，以确保数据在业务部门间的流动和使用。

第三步，提升数字创新能力

在启动数字创新阶段，企业需要提升创新能力，尤其是数字创新能力。由于各行各业的数字环境可以说是日新月异，为迎接数字经济时代的到来，面临大浪淘沙的考验，企业需要持续地塑造和提升自己的数字创新能力（详见创新聚焦2-2）。通过调研和总结，我们认为企业需要提升以下数字创新能力。

- 数字环境扫描能力。企业需要提升识别公司内外部数字环境中与创新相关的机会的能力。只有企业识别出数字环境中的数字创新机会并为之做准备，企业才能真正启动数字创新。

㊀ 贾远琨. 中国制造，全球生产：贸易全球化就隐藏在你我身边 [EB/OL]. （2018-10-8）[2020-05-25].https://finance.people.com.cn/n1/2018/1008/c1004-30328873.html.

- 吸收能力。它是企业识别、吸收和使用外部知识的能力。众所周知,企业欲实施数字创新,不能完全困于企业内部的自有知识和资源,企业必须具有发现、获取、分析和使用外部知识的能力。
- 双元能力。它指的是企业既能利用现有数字资源又能开发新的数字资源的能力。企业通过重构、整合与变革现有资源和能力来开发和利用新的资源,进而实施数字创新。

盒马鲜生如何提升数字创新能力

盒马鲜生在数字创新启动的过程中,重点关注数字创新能力的提升。

首先,用数字化方式和用户进行沟通。盒马鲜生让用户先用支付宝或淘宝账号登录才能购物,就是创建和培养用户的数字化能力。正如盒马鲜生的高管曾说:"你不会上线、不会装 App,我可以让线下的人员帮你装,用户不会我可以培养你,让用户养成以数字化方式进行沟通的习惯。"

其次,盒马鲜生在订单的拣货、流转、打包和配送过程中全部采用分布式的做法,不再以单个订单为中心作业。智能算法已经渗透到了盒马鲜生选品采购、销售、物流履约的全流程当中。

此外,盒马鲜生实现全生态数字化模式,员工通过智能设备工作加快了产品外卖到家的速度。盒马鲜生的"日日鲜",即前一天晚上在各个蔬菜基地采摘的蔬菜,连夜包装,第二天一早上架,这一过程最快只要八个小时。

综上所述,盒马鲜生的整个运营都是基于数字技术,做到了线上与线下联动。盒马鲜生综合运用大数据、移动互联网、智能物联网、自动化等技术及先进设备，通过实现人、货、场三者之间的最优匹配来提升效率。盒马鲜生的供应链、销售、物流履约链路完全实现数字化，从商品到店、上架、分拣货、打包、配送等，作业人员都是通过智能设备识别和开展工作，不仅高效而且出错率低。

资料来源：黄海昕，高翰，董久钰，马晓蕾. 奔跑在 SoLoMo 时代：盒马鲜生的"新零售"模式 [A]. 中国管理案例共享中心，2018. www.cmcc-dut.cn/Cases/Detail/3583.

第四步，构建数字创新导向的组织文化

在启动数字创新阶段，企业还需构建数字创新导向的组织文化，具体如下。

- 承担风险的组织文化。数字创新比其他传统创新活动的风险更高，如果企业不能承担风险，它的数字创新启动力就会很低。风险厌恶的高层管理者、风险厌恶的组织文化以及风险厌恶的制度安排都会阻碍数字创新的启动。

- 允许试验的组织文化。数字技术的数据同质化、可重新编程性以及可供性使得数字创新会衍生出更多的迭代创新。所以，企业欲启动数字创新，需要构建允许试验的组织文化。例如，企业在开发 App 的过程中就需要每天甚至每几个小时不断地迭代和测试，最终达成令企业和客户都满意的结果。

- 即兴和学习的组织文化。数字创新赋予企业许多即兴的机会，很多后来被认为成功的数字创新机会都是在员工即兴的过程中产生的，因而企业需要构建并支持即兴和学习的组织文化。

- 分权决策和分享的组织文化。数字创新的收敛性让其边界变得更加开放。企业不应囿于已有的内部资源,还应广泛吸收外部资源,识别外部环境的机会。企业需要培养分权决策和分享的组织文化,以便启动数字创新。

数字创新开发的四个关键要素

启动数字创新后,企业随即进入数字创新的开发过程。数字创新开发是指企业将启动阶段产生的创新想法发展成为一个可以应用的数字创新的过程。此阶段的重点是企业如何设计期望的数字创新产出,以及企业如何将数字创新与企业原有的知识和资源进行融合。

前面提到,数字技术的数据同质化、可重新编程性和可供性使得数字创新形成后会衍生出很多的迭代创新,所以我们很难界定数字创新开发过程的起点和终点。换句话说,数字创新开发是一个持续迭代、动态交互的过程。由于数字创新开发过程十分复杂,我们认为,企业在数字创新开发过程中需要重视以下四个要素(见图2-3)。

图2-3　数字创新开发的四个关键要素

关键要素 1：设计逻辑

在数字创新开发阶段，企业面临的第一个决策就是如何设计数字创新解决方案。由于数字技术的数据同质化、可重新编程性和可供性，设计数字创新解决方案变得异常困难。企业可以借鉴最小可行性产品的设计思路，首先识别客户所有需求背后的元需求，在此基础上进行元设计。而后对元设计进行拆分，并通过多方创新参与者共同理解和体验来不断改进元设计的各个模块，最终设计出完整的创新产品。

事实上，斯坦福大学设计学院提出的设计思维五个步骤在数字创新开发过程中非常有用：共情（empathize）、定义（define）、创意构思（ideate）、原型实现（prototype）、试验测试（test），不断循环，直至逐步开发出来产品。[⊖]这个工具已经非常成熟，本书就不再详细展开。

关键要素 2：开放创新

实际上，几乎所有的数字创新开发过程都是一个开放的过程，企业很难预测和定义由谁来主导此次创新：有可能是企业本身，也有可能是企业外部的用户，还有可能是企业的其他利益相关者。所以，在数字创新开发过程中，企业需要进一步明确以下问题：

- 本次数字创新的开发主体是谁？谁参与创新？
- 本次创新的参与过程是什么？如何组织数字创新？

⊖ Rowe P. Design thinking [M]. Cambridge MA: MIT Press, 1987.

- 本次数字创新的创新结果是什么？

这些问题的答案很可能区别于企业以往所有的创新活动，所以企业格外需要以开放的心态进行数字创新开发。例如，小米的 MIUI 系统目前已经拥有国内外月活 3.1 亿用户，部分用户深度参与了系统的测试和反馈，其中，测试版甚至能做到每周都有大幅更新⊖。

再如，海尔开放创新平台（Haier open partnership ecosystem，HOPE）通过整合各类优秀的解决方案、智慧及创意，与全球研发机构和个人合作，为平台用户提供前沿科技资讯以及创新解决方案。在 HOPE 平台上，大量用户参与互动，全球多家顶尖的研发团队参与创新，经过多次试验和调整，研发出了海尔天樽空调。2013 年 11 月 26 日，海尔天樽空调单日网上交易量突破 1228 套，创下空调线上销售史上单价最高、销售最快、销量最大等多重纪录。

关键要素 3：情景交融

为什么说各类具体的情景在数字创新开发阶段极其重要？前文讲到，数字创新可以使得应用同一数字技术的不同创新主体根据不同需求产生不同的创新结果。因此，企业需要将数字技术与企业具体的使用场景以及社会文化背景相结合。现如今，"场景化"逻辑在数字创新开发过程中显得尤其重要（详见创新聚焦 2-3）。

⊖ 小米 10 新品发布会 [EB/OL].（2020-02-13）[2020-05-03]. https://live.ithome.com/item/472514.htm.

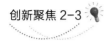

创新聚焦 2-3

情景交融的一个思路

为什么在学校的篝火晚会活动中进行表白,成功率会很高?这就是具体情景带来的影响。空间、灯光、声音、色彩、人的行为和主题等都是这些具体情景的重要组成要素。按照这个逻辑,数字创新产品和用户之间的"接触点"及其所处的具体情景的重要性就不言而喻了。

用户体验地图提供了一个从情景交融的角度设计数字产品创新的思路。

第一,列出所有与用户的直接接触点。把用户与产品所有的直接接触点全部列出来,涉及用户体验的各个阶段。例如,下载 App 的链接,打开 App 的欢迎界面等。

第二,进行下沉式感受。站在用户的角度对每个点进行感受和体验,甚至要总结情绪体验,分析痛点和机会。

第三,邀请用户等各方利益相关者一起参与协同设计,共同解决这些问题。这一环节特别需要注意理解为什么用户会有这些行为、用户的感受和体验。同时要与数字产品本身想要引导用户做哪些行动,有哪些感受和体验相对照。根据二者的差异,协同各方利益相关者一起思考应该如何设计数字产品以解决这些问题。

事实上,在数字创新开发过程中,将数字技术与企业自身的价值主张、组织文化、行业背景、用户的社会–认知背景相结合可以产生新的意义,创造新的价值。例如,不同的短视频 App 所使用的数字技术几乎一样,但与组织和用户相关的各类具体情景以及与用户不断互动的过程的差异使得国内市场上形成了100余个较为活跃的短视频App。

再如,玉兰油品牌推出了一款移动平台,利用AI技术分析用户的数字自拍,并进行个性化的皮肤分析,以提供个性化的产品推荐。而同样利用AI技术的雅诗兰黛则通过将AR技术融入购物旅程,为用户提供了独一无二的消费体验:通过搭载AR和面部映射技术的应用,消费者可以体验各种产品并进行虚拟试妆。

关键要素4:持续迭代

如前文所述,数字创新产品能够衍生出许多迭代创新,实施数字创新的企业需要深刻理解这一点。在迭代创新的过程中,现有的数据挖掘算法(data-mining algorithms)、数据发现(data discovery)、叙述分析(narrative analysis)等都是助力持续迭代的常见工具。在持续迭代的过程中,企业需要不断地进行组织学习,持续更新对各类具体情景的认知以及自身知识。例如Under Armour(安德玛)正在从传统的运动服装制造商,发展成为数字化健身产品和服务提供商。Under Armour正在提升自身能力以支持联网健身,利用互联设备和各种应用,帮助用户跟踪、分析和分享他们的健身活动。

数字创新应用的三重保障

将数字创新创意开发成数字创新产品之后,接下来就是直接决定企业数字创新成败的阶段,即将数字创新产品应用到市场的过程,这一商业化的过程也就是数字创新应用阶段。数字创新应用阶段非常复杂，往往涉及深层次的组织变革，我们认为下面三重保障至关重要（见图 2-4）。

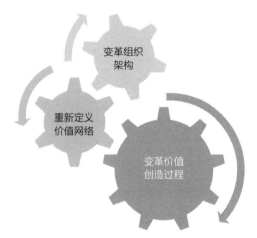

图 2-4　数字创新应用三重保障

变革价值创造过程

数字技术改变了企业价值的创造方式。例如，社交媒体中的在线平台可以让用户深入参与组织的对话和交流，进而产生更多的数据（包括用户使用习惯数据、组织内部各价值链环节的数据等），这就为组织改变价值创造的方式提供了基础。组织需要成立专门的部门进行数据分析，通过这些分析帮助企业快速提升运营效率，为用户创造价值，进而将这些价值内化为企业的利润。

重新定义价值网络

数字技术一个很直接的特点是可以降低企业内部的交流成本，增强企业内部创新网络的连接效应,进而产生巨大的网络效应(数字平台的网络效应指的是平台对参与者的价值取决于使用该平台的参与者数量,详见第 4 章),即网络中能有更多的利益相关者参与进来和企业一起创造价值。

变革组织架构

除数字组织创新本身就涉及组织架构的变革之外,其他数字创新也需要组织架构的持续变革。数字创新开发需要把数字技术与特定使用情景相结合,数字创新应用也需要把数字创新和特定组织环境相结合,这就要求跨部门的协同。例如,阿里巴巴中台架构的搭建就是为了适应数字创新的收敛性和自生长性。

DIGITAL
INNOVATION

第 3 章

赋能创新：让企业不再传统⊖

第 2 章详述了数字创新产生的过程，本章将分析传统企业如何利用数字技术进行商业模式创新，一方面可以帮助我们理解数字创新的基本逻辑，另一方面为传统企业进行数字化转型提供思路。

我们先从一个案例开始。温州一家制鞋企业 K 公司早在 2001 年就在法国巴黎开设了自主品牌的第一家海外专卖店，2006 年开始快速发展，上百家专卖店和专柜遍布巴黎街头。正在公司董事长春风得意地想要让中国的自主品牌皮鞋走遍全世界时，巴黎一家传统老字号制鞋企业的一纸诉状将其告上法庭。历时近五年的曲折诉讼终于取得胜利，但 K 公司在国际市场上已筋疲力尽。反观国内市场，只要皮

⊖ 本章初载于：刘洋，应瑛. 传统企业的大数据再造 [J]. 清华管理评论，2015(3)：29-37，稍作修改。

鞋生产出来就会被全国经销商疯抢的时代早已成为过去，K 公司的销售额极其不稳定，加上劳动力成本急剧增加，使得制鞋技术早已达到世界领先的 K 公司一筹莫展。K 公司的路在何方？像 K 公司一样的传统企业如何才能破茧重生？

类似的故事在传统行业中比比皆是，经过几十年的发展，本就不复杂的传统技术，壁垒早已不在，世界知名企业的代工厂在中国四处开花。"我们可以在 16 个小时之内试制出达到国外高端品牌新产品技术要求的样品"，K 公司的技术总监如是说，"然而，我们自己推出的高端品牌在国内市场销售却不景气。"

而另一个大学生创业的故事却引发了我们的深思。2010 年方毅创办每日互动，专注于 App 消息推送服务，到 2019 年年底已经累积了 520 亿的 SDK 安装量，积累了大量的数据，并逐步开发出了大数据解决方案作为每日互动的核心服务。在 2020 年的新冠疫情防控工作中，这些大数据发挥了重要作用，特别是为健康码的开发提供了技术支持，同时也为相关部门在疫情防控、物资调配等方面提供了坚实的大数据支持。

事实上，数据无处不在，正在引导整个商业模式的变革。那么，未来传统企业如何利用数字技术驱动商业模式的创新与重构？要实现这一点，传统企业需要思考如下四点：

- 明确挑战。传统企业在商业模式的创新与重构过程中，面临着哪些需要打破常规的困难与挑战？
- 理解机制。数字技术驱动传统企业商业模式创新与重构的具体机制是什么?
- 把握关键。传统企业通过数字技术驱动商业模式创新与重构的过程中,需要把握的关键问题是什么?
- 培养能力。为了实现商业模式的创新与重构,传统企业需要培养哪些能力?

传统企业的困境

商业模式描述的是企业赚钱的方式,我们把商业模式定义为:一个描述客户价值主张、价值创造和价值获取等活动连接的架构。商业模式包括客户价值主张(如客户选择、市场选择等)、价值创造(如资源选择、研发、生产、营销等)、价值获取(如合作伙伴选择等)等活动[⊖],但是这些具体的活动本身并不是商业模式,只有把这些活动连接起来,组合形成某种架构才是商业模式。

2002 年 eBay 通过参股易趣进入中国市场,一年之后阿里巴巴旗下的淘宝也开始登场,就二者相比较而言,它们为客户提供的服务以及整个价值创造过程等活动都惊人地相似,唯一不同的是:淘宝是免费的。尽管 eBay 高呼"免费不是一种商业模式",但事实证明,正是在这种"免费模式"引领下,大量客户改旗易帜进入淘宝,助力淘宝成为中国 C2C 领域的绝对霸主。究其原因,淘宝能够赢得市场的

⊖ 魏江,刘洋,应瑛.商业模式内涵与研究框架建构[J].科研管理,2012(33):107-114.

关键，就是用"免费"这一概念主题，重新设计了企业所有活动之间的连接架构。

与创业型公司不同，传统行业的成熟公司有着自己一整套的组织惯例，这些组织惯例是企业能够成功走到现在的保障和经验所在，但这些组织惯例也可能在不知不觉中使得企业信息不畅、职责不清、决策复杂、墨守成规等，甚至出现"大企业病"。

正如哈佛大学商学院的克里斯坦森在《创新者的窘境》[⊖]一书中提出的一个经典困境：管理层所做出的合乎逻辑的、强有力的决策，对企业成功来说至关重要，然而也正是这些决策可能会导致企业失去领先地位。那么，传统行业的企业应该如何打破常规，通过重新设计所有活动的连接架构，实现破茧重生呢？

数字技术赋能商业模式创新

以淘宝为例，每天有数以万计的交易在淘宝上进行，将这些交易背后的大量数据组合起来可以分析出不同产品、事件的长期走势，不同商品的人群特征、市场细分（如淘宝推出的淘宝指数功能）等，如此下去，淘宝甚至能像马云所说的，"为国家做出一个气象预报台"。

道格·莱尼指出，数据增长的挑战和机遇有三个方向：量（volume，数据大小）、速（velocity，数据输入输出的速度）与多变

⊖ 克里斯坦森.创新者的窘境[M].胡建桥，译.北京：中信出版社，2010.

（variety，多样性）[一]。这些大量、高速、多变的数据现在已经变成信息资产，将驱动企业商业模式的创新与重构（见图3-1）。

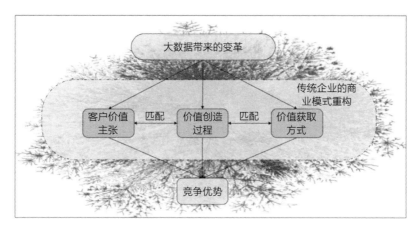

图3-1 大数据驱动传统企业的商业模式重构

通过大数据重构客户价值主张

尽管我们已经知道客户价值主张的重要意义：为客户创造价值是企业赖以生存的根基。然而，管理者却总是在强调自身产品和服务有多优秀，忽视了客户真正所需要的东西。客户价值主张是提供给客户的特定利益组合，客户需要的不是某种产品，而是解决一个实际问题，企业提供的不仅仅是一种产品或服务，而是解决客户这一实际问题的一整套方案。只有企业通过自己的产品和服务解决了客户的某个潜在问题，企业才对客户有了实际意义。

[一] Meta Group. 3D data management: Controling data volume, velocity, and variety [EB/OL].（2001-02-06）[2020-05-03]. https://blogs.gartner.com/doug-laney/files/2012/01/ad949-3D-Data-Management-Controlling-Data-Volume-Velocity-and-Variety.pdf.

例如，现在的男鞋已不再是客户为了保暖而选用的必需品了，类似于为了某次重要宴会而特意准备一双鞋已成为客户要面对的新问题。如何为客户更好地解决这些问题——富有挑战却至关重要——成为重构客户价值主张的关键。

大数据的存在为重构客户价值主张提供了可能。K公司的一位客户经理说："我们拥有超过千位VIP（重要）客户一生的皮鞋数据，包括他们的脚型、喜欢的鞋子样式，甚至他们的详细资料……"这些数据的潜力无限，通过挖掘这些数据，并与公司已构建的全球产品数据库、鞋楦数据库等进行匹配，可以做到快速为客户提供任何场合下所需任何鞋子的解决方案。但是，这里需要面临的挑战是：必须有一整套公司内部的价值创造过程与之相匹配。

通过大数据重构价值创造过程

客户价值主张一旦得到确认，整合组织内部的资源进行研发、生产、营销成为公司快速创造价值的关键所在。重构现有资源组合（人、财、物）是首要的步骤，关键资源当然十分重要，但是如何组合这些资源显得更加重要：重新整合与利用现有研发、生产、销售渠道等资源是保障已经识别的客户价值主张得以实现的关键。而后基于重新架构的资源组合，对各类资源进行捆绑以培育企业独特的能力是企业进一步所要做的动作。资源是基础，通过捆绑资源培育出企业独特的、难以被模仿的能力是企业形成持续竞争优势的保障。最后，对资源和能力进行动态调整是保持企业成长，并持续为客户创造价值的保障（详见创新聚焦3-1）。

创新聚焦 3-1

吉利的数字变革之路

进入智能时代,传统工业如何嫁接互联网,传统企业如何更好地利用互联网技术及如何借助信息技术手段提高附加值,从而提高转型能力是汽车企业必须要考虑的问题。数字技术已经深入渗透汽车制造产业的方方面面,无论是分析消费者需求、汽车性能和生产过程,还是提升产品质量、预测市场行情等,都需要依靠以大数据为例的数字技术。

吉利汽车在经过被业界称为"蛇吞象"的沃尔沃收购事件之后,将研发战略导向定义为"平台化、通用化和模块化"。通过与沃尔沃建立 CEVT 中心,构建基础模块架构(compact modular architecture,CMA),吉利汽车于 2016 年发布了第一款基于 CMA 平台的新品牌领克汽车。领克汽车的成功下线使吉利汽车在智能时代写下了浓墨重彩的一笔。至 2019 年,吉利汽车已经成为智能时代的领跑者,这与吉利汽车和沃尔沃的研发协同有分不开的联系。

事实上,吉利 2011 年就开始布局自动驾驶和智能网联,2016 年推出了中国市场首款"会说话"的汽车博越,2017 年发布了技术品牌 iNTEC 人性化智驾科技。面向未来,吉利想要摘掉传统汽车企业的帽子。李书福曾说过,"未来汽车工业的发展将从单车称王时代,走向系统称王时代"。

2018 年,吉利与互联网、人工智能、大数据等领域的合作伙伴联合发布了 GKUI(吉客智能生态系统),协同打造智能互联的极致体验。GKUI 的发布标志着吉利在争夺未来智能汽车车载系统主动权的道路上迈出了坚实的一步,2018 款吉利博越就搭载了这款全新智能生态系统。

同年，推出了中国品牌首款量产 L2 级自动驾驶车型博瑞 GE。

随后，吉利还将新能源、智能网联、自动驾驶、汽车安全等列为核心技术战略发展领域。根据规划，吉利将在 2020 年后推出应用 L3 技术的全新产品，2022 年在杭州亚运会区域内实现完全自动驾驶技术运营，并参与建设全国乃至全球第一条支持智能驾驶、无人管理的智慧高速公路——杭绍甬智慧高速，连接杭州与宁波，辐射温州、金华等亚运赛区，为所有亚运会来宾提供智能化的出行体验。吉利打造自动驾驶的目标是通过高等级自动驾驶的普及，减少 90% 的交通事故。

资料来源：魏江，刘洋．李书福：守正出奇 [M]．北京：机械工业出版社，2020．

随着信息技术的日趋成熟，这一切已不再那么遥不可及。K 公司就试图在做这件事情："我们在企业内部逐步建立一整套系统，这套系统试图把成千上万个销售网点与公司内部的各个研发团队、生产车间的各个小组乃至各台机器进行连接。"

"当组织内部所有资源、能力都变成一个个数字时，重构资源组合架构、捆绑资源构建能力、培养高阶能力变得更加容易。例如专门成立了一家科技公司，该子公司专注于开发信息系统，开发的产品不仅服务于本公司，还可以通过数据挖掘用于协同我们的所有资源、能力，以服务于其他传统企业，特别是电商企业。"

通过大数据重构价值获取方式

现代企业往往处于创新生态系统之中，该系统是由客户、供应商、主要生产商、投资商、贸易合作伙伴、标准制定机构、工会、政府、社会公共服务机构和其他利益相关者所组成的，具有一定利益关系的动态结构系统。满足客户价值主张后获取的每一分钱都将在企业所处的创新生态系统中流动起来。在创新生态系统中，分配价值的方式正在发生深刻变革。

在一个典型企业所处的价值生态系统中（见图3-2），传统的价值分配方式更多的是在企业边界内部进行价值的分配。事实上，企业在虚拟边界中进行价值分配已成为现阶段重新设计的价值分配的主要方式，也是价值获取方式重构的趋势。例如类似维基百科这样的社区创新模式，已经逐步让人们看到了价值获取方式重构的曙光。

重构价值获取方式的关键在于：让数据在价值网络中流动起来。重构价值创造过程注重的是数据在企业边界内部的流动，事实上，对重构价值获取方式来说，数据在整个价值生态系统中的流动也同样重要。

对K公司的下一步战略而言，一个宏大的愿景图已被描绘出来：建立和完善全国脚型与楦型数据库，构建楦型技术、脚楦转换技术等核心技术体系，以技术驱动创新；建立和完善全球客户数据库，在已有积累的基础上进一步开发针对高端和一般客户的详细资料与需求数据，并基于大数据分析，实现客户价值主张驱动的定制化创新体系；建立和完善全球产品数据库，根据具体模块以及模块间的架构，梳理全球优秀产品的设计，并以此数据库为基础，架构产品设计研发的创新体系，以设计驱动创新。等到这些数据库逐步完善，全球价值网络也将随之得以逐步完善，K公司的价值获取方式将因此发生根本性变革。

48　第一篇　数字创新的本质

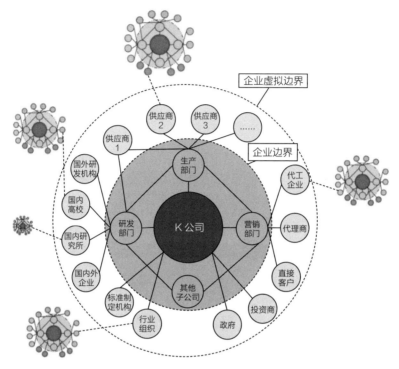

图 3-2　重构价值获取方式

"让数据来说话"

商业模式的创新与重构充满风险，宏大的数据分析只是提供了机会，但是企业遇到的是"真正的机会"，还是"伪装的死胡同"，仍需进一步甄别，这对传统企业而言至关重要。管理者在收集大数据并认真寻找图 3-3 中 10 个问题的答案后，可能会对企业如何进行商业模式的创新与重构有更深刻的认识。

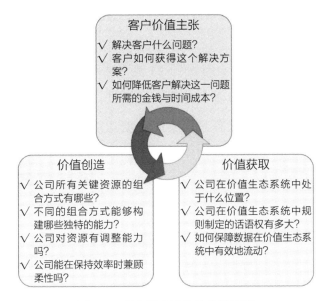

图 3-3　商业模式重构的关键问题

客户价值主张：让数据而不是客户说话

客户往往不知道自己真正需要什么，而大数据知道。在法律允许的范围内，通过挖掘公开的、私人的客户数据，让数据告诉管理者客户有什么问题需要解决。根据问题，管理者需要进一步分析如何便捷、低价地为客户提供解决方案。

如果你是一个传统的手机制造商，你去调查客户需要什么样的手机，可能会收到五花八门的答案，而在这之中，"功能简单、字体变大的手机"之类的意见绝对会占少数甚至没有；然而，当你看到"中国现在有 2 亿左右的 60 岁以上老人，正在加速进入老龄化社会"之类的数据和新闻时，是否会有所触动？

深圳市卡迪尔通讯技术有限公司（21克）自2011年推出老人机后开始迅速发展。

针对"解决客户什么问题"，21克专注于老人的需求，开发了超大字体、待机长、声音大等功能的手机，除此之外还对手机系统进行研发，推出了远程桌面实时协助功能，让子女在任何地方都可以全方位协助爸妈使用手机，并轻松应对各种突发情况。21克不仅为产品的使用对象——老人——解决问题，还为老人的子女解决问题。

针对"客户如何获得这一解决方案"，21克将产品定位于"爸妈的贴心小伙伴"，即直指老人的子女，因为很多时候他们才是直接购买产品的人而非老人自己。

针对"如何降低客户解决这一问题的金钱和时间成本"，21克推出的老人机不仅比传统低端手机价格更低，还拥有对老人需求更具针对性的功能，而且销售网络铺设在年轻的子女更易接触到的京东、淘宝等平台，使产品迅速得到推广。

价值创造：让客户价值主张得以实现

公司拥有的资源很重要，但是不同的资源组合往往有着不同的效果。为了保障客户价值主张得以顺利实现，管理者需要认真思考：公司所有关键资源的组合方式有哪些？不同的组合方式能够构建哪些独特的能力？公司对资源有调整能力吗？公司能在保持效率时兼顾柔性吗？事实上，当公司确定了客户价值主张的相关活动后，接下来要思考的关键问题在于如何保障客户价值主张得以实现（详见创新聚焦 3-2）。

在 21 克公司的案例中，手机生产制造、符合年轻子女的购买渠道都有现成的资源可供选择，关键在于开发一个能够实现这些功能的手机操作系统，所以 21 克开始组合关键资源，以保障客户价值主张的实现。

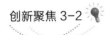
创新聚焦 3-2

盒马鲜生的"新零售"商业模式

盒马鲜生的"新零售"商业模式既有阿里系的"创新血统"，又有"新零售"的企业性格。

第一，精准定位，引领价值。盒马鲜生对自己的定位是精品超市，重构了新的消费价值观：新鲜每一刻、所想即所得、一站购物、让吃变得快乐、让做饭变成一种娱乐。围绕精准的目标客户群定位，盒马鲜生才能推出最吸引当下年轻人的快消商品。因此，明晰的客户定位是盒马鲜生能够成为网红、吸引大客流量的前提。

第二，全自动的物流体系。盒马鲜生通过数据驱动，完成线上线下与现代物流技术的完美融合，从而实现生鲜商品 3 公里内 30 分钟快递到家的极致服务体验。这样的配送速度和便利程度是有别于传统电商的两大亮点，也是侯毅使盒马鲜生能够在竞争中脱颖而出的两大利器。

第三，"零售+餐饮"的体验式消费。盒马鲜生将同样需求量大但利润率较低的零售行业与利润率高的餐饮行业相结合，最大限度地利用资源。所有商品直接从门店发货，无须另设仓库，因而大大降低了仓储成本。此外，在降低经营损耗方面，餐饮业务可以消化零售业务马上到期的生鲜商品，降低损耗；将商品都事先包装好，降低了顾客挑拣所产生的损耗。

通过"新零售"商业模式，在阿里巴巴的支付平台、物流和大数据的支持下，盒马鲜生引领了国内零售业态转型的新风口，从渠道整合深化到模式创新，克服了生鲜品类非标准化、保质期短、易损耗的天然弱点，表现出强大的引流能力，成为阿里巴巴带动线下用户消费的新模式和进行未来战略布局的重要入口。

资料来源：黄海昕，高翰，董久钰，马晓蕾.奔跑在 SoLoMo 时代：盒马鲜生的"新零售"模式，中国管理案例共享中心，2018。

再如，国内大部分医院都可以说是为患有任何疾病的患者服务，因此，每家医院都试图拥有非常多的资源（专家、设备等）。而爱尔眼科聚焦于眼睛的治疗，并把资源进行整合，创新性地提出"分级连锁"的模式——三级医院定位于常见眼科疾病，将疑难杂症输送至二级医院，一级医院作为技术中心，为二级和三级医院提供技术支持。这样，通过对有限资源的重新架构，专门为眼科患者提供服务的客户价值主张得以顺利实现，爱尔眼科因而已经成为中国规模最大的眼科医疗连锁机构，也是中国首家上市的医疗机构。

价值获取：让数据在价值生态系统中流动

获取价值是公司的最终目的，当公司在一个生态系统中时，公司的价值获取取决于：公司在价值生态系统中处于什么位置，公司在价值生态系统中规则制定的话语权有多大，以及如何保障数据在价值生态系统中有效地流动。

例如，腾讯公司依托于QQ这一即时通信平台，已经建构了一个非常大的商业帝国。正是这一平台使得腾讯确立了它在生态系统中的主导位置和话语权，任何一个新产品的出现都可以在这一平台上试验推广，直至后来居上，而平台公司最擅长的就是数据的流动。再如，成立于1941年的喜利得（Hilti）集团最初以向建筑业提供设备起家，之后通过数据分析发现，租赁而非卖设备给建筑商，能够更低价、更有效地实现客户价值主张。于是，喜利得开始重新定位它在与建筑商等组成的生态系统中的位置，并开发了存货管理系统，甚至为每台大型设备装上了定位系统和数据收集软件，通过对收集到的大数据进行分析，为客户及时提供相应的服务，从而获取更多的价值。

"五力"支撑传统企业"破茧重生"

在大数据变革来临之际，商业模式的创新与重构为传统企业的破茧重生提供了一条可行的道路。与新创企业在崭新的画布上任意勾画新的图景不同，传统企业的商业模式变革需要痛下决心。如果能够具备图3-4中的"五力"，传统企业的管理者将有更大的可能获得成功。

图3-4 商业模式创新与重构的"五力"框架

数据搜寻力

传统企业首先需要搜寻到各种结构化与非结构化的数据。比如产品数据，从设计、建模、工艺到测试、维护、变更等；又如价值链数据，从客户、供应商到合作伙伴等；再如运营数据，从采购、生产到库存、计划等。在如今大规模定制和网络协同发展的时代，大数据只会被有心人搜寻到。

例如，Nike+ 是耐克旗下的线上运动社区和数字化平台，将近2000万用户参与的运动社交网络使得耐克的商业模式也在不断变化，用户每天上传的数据成为耐克战略选择的重要依据。一个典型事例就是耐克依据 Nike+ 社区中的数据，做出了在 2014 年年底大规模推广女子运动系列的决策。

数据分析力

在面对规模性、多样性、快速性等方面均有显著特点的大数据时，只是增加几台服务器显然解决不了问题。从数据管理、数据挖掘、可视化分析到预测性分析，传统企业需要迅速建立一整套数据分析体系。重新配置资源，成立一个与各部门紧密合作的独立部门势在必行，抑或专门成立一个子公司来独立运作相关活动也是一种明智的选择。

例如，阿里巴巴 2008 年就把大数据战略作为一项公司基本战略，而后将阿里云和阿里数据平台作为单独的事业部，为阿里巴巴集团内部和外部客户服务。

敏锐洞察力

大数据可以呈现事实，但却不等于提供智慧。大数据知道客户需要什么，但是仍需依靠管理者的敏锐洞察力来为客户面临的问题提供一整套解决方案，也就是说，如何便捷、低价地为客户亟须解决的问题提供一整套解决方案是由管理者的敏锐洞察力所决定的。

2014年春节，微信支付经过两周时间赶制出了一款产品——新年红包，该产品一经推出，就引爆了互联网，赚足了人气。2015年春节，更是通过捆绑春晚摇一摇、推出小于8.88元且具有吉利含义的拜年红包抓住用户的敏感点，从而微信支付直接把支付宝的类似功能挑落马下，这里的关键就在于微信支付的高管团队对用户心理的敏锐洞察力。

资源组合力

管理者要意识到，哪怕是同样的资源，不同的组合方式也有可能产生不同的效果。这是一个搭积木的游戏：管理者需要对所拥有的全部资源有充分认识，这正是成熟企业所具有的优势，而后通过拼接不同类型的资源，形成不同的能力，并通过适当调整，形成具有体系的价值创造过程。

爱尔眼科就是一个善于组合资源的高手：把有限的眼科相关设备与专家进行重新调配，为不同层级的医院设置不同的资源，并使得资源在不同层级间可以流动，从而保障了客户价值主张的实现。事实上，中国多年前就被称为"世界工厂"，加上这两年热炒的"跨境电子商务"概念的进一步发展,企业可以十分便捷地获取国内乃至全球的资源,创造性地组合这些资源将不再是天方夜谭。

容错文化力

尽管有着大数据的支持,但并不意味着每一次商业模式创新都能取得成功,正如对所有创新尝试都应该保持耐心一样,提升对商业模式创新尝试的容错文化力也至关重要。或许管理者应该将更多的精力放在学习、适应以及执行上,而不是紧盯着失败,正是这一次次的尝试才为传统企业奠定了破茧重生的机会。小米手机论坛 2014 年每天的新帖数约为 25 万,其中,只有 8000 条建议是比较有意义的。"摸着石头过河"是在大数据背景下传统企业通过商业模式创新与重构破茧成蝶的重要方式。

传统企业的破茧重生困难重重,正如本章开篇所举的 K 公司的例子。数字技术带来的变革正在为传统企业创新与重构商业模式提供一次难得的机遇,但也带来了很多未知的挑战,而成功就是来自一次又一次对机遇的准确把握。利用变革进行商业模式创新与重构,完成一次华丽转身,是深陷危机的传统企业破茧重生之道。正如狄更斯的描述,"这是一个最好的时代,也是一个最坏的时代"。

第二篇

数字创新组织

近距离地观察了数字创新的本质后,我们进一步发现,数字创新背后几乎都是由平台组织支撑的。例如,所有的手机 App 都是基于苹果 iOS 平台、谷歌安卓平台等,人们日常生活离不开的淘宝、微信、微博等也是平台。2020 年全球市值最高的 10 家公司里至少有 8 家是和数字平台密切相关的,包括苹果、微软、Alphabet、亚马逊、Facebook、阿里巴巴、腾讯、Visa 等。若要将数字平台大概归类,可以分为交易平台、知识共享平台、众包平台、众筹平台、虚拟空间、数字创客空间以及社交媒体等。那么,这些数字平台是如何赋能数字创新的呢?

数字平台至少由四类成员组成:平台所有者控制平台的知识产权和治理权限,例如安卓平台由谷歌所拥有;平台提供者提供与各类参与者交互的界面,如搭载了安卓系统的手机设备;生产者/互补者创造平台提供物,如安卓系统上的 App 生产者;消费者/使用者是平台提供物的购买者或使用者。平台所有者和平台参与者都有可能是数字创新的启动者(见图 P2-1)。

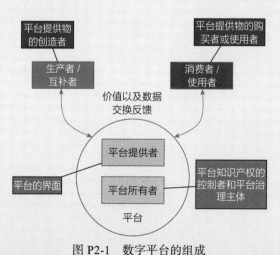

图 P2-1 数字平台的组成

资料来源:基于 Van Alstyne M W, Parker G G, Choudary S P. Pipelines, platforms, and the new rules of strategy[J]. Harvard Business Review, 2016, 94(4): 54-62,稍作修改。

本篇将聚焦于平台所有者和三类参与者是如何参与数字创新的。我们先是厘清数字平台的基础架构（第4章），再分别从平台所有者/提供者（第5章）、生产者/互补者（第6章）和消费者/使用者（第7章）这几个角度，阐述数字平台赋能数字创新的具体路径。

DIGITAL
INNOVATION

第 4 章

解构数字平台

数字平台已经成为全球经济不可忽视的一种存在,它逐渐改变着经济组织及组织间的关系,也改变了经济组织的竞争逻辑。数字平台正在深入人们生活的方方面面,并带来无数的创新机会,是数字创新的重要基础设施(底层架构)。本章将重点阐述数字平台的内涵、类型和特征,并从管理数字平台的角度出发,系统解读数字平台的架构和治理,为理解数字平台组织的本质特征提供思路,也为后续探究数字平台本身的创新以及平台所有者和参与者如何驱动数字创新奠定基础。

常见的数字平台

数字平台的类型多种多样,本章从功能和商业模式两个角度对数字平台进行简单分类，以使读者对常见的数字平台有一个初步的认识。

基于功能的分类：交易型平台、社交型平台、创新型平台

交易型平台主要是为需要交易的双方提供的数字平台，目的是帮助不同类型的个人或组织完成交易。常见的此类平台有：电商平台，如淘宝、亚马逊、eBay；租赁平台，如 Airbnb；团购平台，如美团、大众点评；出行平台，如滴滴、Uber（见表 4-1）。

表 4-1 基于功能的数字平台分类

平台类型	内涵	举例
交易型平台	为需要交易的双方提供的数字平台，帮助不同类型的个人或组织完成交易	电商平台：淘宝、亚马逊、eBay 租赁平台：Airbnb 团购平台：美团、大众点评 出行平台：滴滴、Uber
社交型平台	为用户提供的进行内容创造与交换、增进彼此社会交流以加强相似观点的数字平台	在线社区：苹果开发者社区、Steam 社区 社交网络平台：微博、Facebook、Twitter 视频平台：YouTube、抖音 直播平台：淘宝直播、斗鱼直播
创新型平台	也被称为技术型平台，主要是为应用程序开发者创新、开发互补软件产品提供的数字技术基础平台	苹果 iOS 平台、谷歌安卓平台、淘宝开放平台

社交型平台主要是为用户提供的进行内容创造与交换、增进彼此社会交流以加强相似观点的数字平台[⊖]，通常被称为社交媒体。常见

⊖ Geva H, Oestreicher-Singer G, Saar-Tsechansky M. Using retweets when shaping our online persona: Topic modeling approach[J]. MIS Quarterly, 2019, 43(2): 501-524.
Kaplan A M, Haenlein M. Users of the world, unite! The challenges and opportunities of social media[J]. Business Horizons, 2010, 53(1): 59-68.

的此类平台有：在线社区，如苹果开发者社区、Steam 社区；社交网络平台，如微博、Facebook、Twitter；视频平台，如 YouTube、抖音；直播平台，如淘宝直播、斗鱼直播。

创新型平台也被称为技术型平台，主要是为应用程序开发者创新、开发互补软件产品提供的数字技术基础平台，如苹果 iOS 平台、谷歌安卓平台、淘宝开放平台。

基于商业模式的分类：B2B、B2C、C2C、C2B 平台

根据企业和个人的不同组合连接情况，可以将数字平台分为 B2B、B2C、C2C、C2B 平台（见表 4-2）。

表 4-2 基于商业模式的数字平台分类

平台类型	含义	举例
B2B	企业到企业	阿里巴巴、敦煌网
B2C	企业到个人	天猫、亚马逊、Steam 平台
C2C	个人到个人	Facebook、淘宝、滴滴
C2B	个人到企业	尚品宅配、Indeed

- B2B 平台：试图将企业相互连接在一起的数字平台，如阿里巴巴、敦煌网（在线外贸交易平台）等。
- B2C 平台：试图在企业与个人之间建立联系的数字平台，如天猫、亚马逊、Steam 平台（数字游戏社交平台）等。
- C2C 平台：试图在个人与个人之间创建平台以帮助个人交流信息、买卖商品、搭乘出行等，如 Facebook、淘宝、滴滴等。

- C2B平台：试图建立从个人到企业的关系的数字平台，如尚品宅配、Indeed（成立于美国的招聘搜索引擎）等。

上述分类只是较为"粗糙"的分类。事实上，数字平台的功能和商业模式越来越复杂。同一平台可能包含多种功能，通过彼此协同来提升平台价值，比如淘宝平台也有直播、买家分享这种社交类功能；又如小红书原本只是一个用户发布、分享自己生活经验和感想的社交类平台，如今也有线上商城这种交易功能。

此外，随着数字平台的不断扩大，多种类型的参与者扮演着多重角色，因而商业模式无法再用 B2B、B2C 或其他来进行简单表示。但也正是这些日益复杂和完善的数字平台，催生了无数的数字创新机会。

三种视角下的数字平台

如果尝试总结上节中所有数字平台的相同特征的话，我们可以发现：首先，数字平台是让外部生产者和消费者进行交互的（例如，各种类型的企业和个人之间进行交互）；其次，数字平台的最终目的是价值创造（如实现交易、社交或创新等）；最后，数字平台本质上是包含了服务和内容的一系列数字资源的组合。基于此，我们认为数字平台是指赋能外部生产者和消费者进行价值创造和交互的，包含服务和内容的一系列数字资源的组合⊖。

⊖ Constantinides P, Henfridsson O, Parker G G. Platforms and infrastructures in the digital age[J]. Information Systems Research, 2018, 29(2): 381-400.

为了更全面地理解数字平台的本质及特征，我们尝试从不同视角来看数字平台的本质是什么。通过比较经济学视角、技术视角和组织视角下的数字平台本质，我们会对数字平台有更为全面和细致的理解。

经济学视角：双边或多边市场

在经济学视角下，数字平台是一个双边或多边市场，为两组或多组不同的经济活动参与者彼此交互、共同创造价值提供数字基础设施和接口。⊖双边市场也被称为双边网络，包含两组能够相互提供效能的独立经济活动群体（见表4-3）。

表 4-3　经济学视角下的数字平台（双边市场）

行业	边1（模块开发者）	数字平台	边2（模块使用者）
电子商务	卖家	淘宝、京东、亚马逊	买家
移动操作系统	应用程序开发者	iOS、安卓	应用程序使用者
视频网站	视频制作者	bilibili、爱奇艺、YouTube	视频观看者
社交网络	内容创作者	微博、Facebook	内容阅读者
出行	司机	滴滴、Uber	乘客
众筹平台	项目发起人	水滴筹、天使汇	项目跟投人
游戏	游戏开发者	Steam、Taptap	游戏玩家

数字平台的两组经济活动群体一般被称为模块开发者和模块使用者，比如淘宝网上的卖家和买家、苹果iOS平台上应用程序的开发者和使用者、微博上的内容创作者和阅读者等。对模块开发者来说，

⊖　Helfat C E, Raubitschek R S. Dynamic and integrative capabilities for profiting from innovation in digital platform-based ecosystems[J]. Research Policy, 2018, 47(8): 1391-1399.

模块使用者是其用户；对数字平台所有者来说，这两组经济活动群体都是其用户。数字平台扮演着类似于中介的角色，促进了两组经济活动群体的相互作用。

随着数字平台的扩张，数字平台上的参与者不再只有两组经济活动群体，更多不同角色的经济活动群体循着数字平台上的机会加入平台，进行价值共创，逐渐形成了多边市场。在多边市场中，一些原先的模块开发者也可能成为其他模块的使用者。

例如，淘宝平台在 2003 年成立时只有卖家和买家两种参与者，但随着买卖双方数量的增加，一些独特的需求开始出现。比如有些卖家希望能在自己的店铺里更好地展示产品，有些卖家自身缺乏维护客户关系的能力。于是，一些独立服务供应商进入淘宝平台为卖家提供服务，比如提供产品拍摄服务的专业摄影团队、提供店铺设计服务的设计师和文案写手，以及为卖家提供在线业务管理系统服务的独立软件开发商等。

随着淘宝平台上不同角色的经济活动群体的不断增加，多边网络的边界不断扩大。而淘宝平台也为网络扩张提供技术支持，以不断改进和创新它的平台架构。同时，向第三方独立服务供应商提供开放式的平台，以满足不同参与者的需求。

技术视角：分层模块化架构

在技术视角下，数字平台可以被解释为一个由可延伸的代码库组成的稳定软件系统，并为与之相互连接的模块提供核心功能和标准接口。[一]从技术视角来看，一个数字平台至少要包含模块、接口、平台架构三个方面（见表4-4）。

表4-4　技术视角下的数字平台

要素	数字平台	模块	接口	平台架构
定义	一个由可延伸的代码库组成的稳定软件系统，并为与之相互连接的模块提供核心功能和标准接口	一种连接到平台上，旨在增加平台功能的互补软件子系统，也被称为应用程序、拓展、插件等	一组数字平台预先定义并提供给模块调用使用的编程函数	为平台提供了一系列相关的抽象模式，是用于指导数字平台各个方面设计的概念蓝图
举例	苹果iOS平台	App	API	分为四层：内容层、服务层、网络层、设备层

首先，模块是一种连接到平台上，旨在增加平台功能的互补软件子系统，也被称为应用程序、拓展、插件等。例如苹果iOS平台上的App、谷歌浏览器上的插件、Kindle上的电子书、Steam上的游戏、淘宝上的商品等，都是平台上的模块。

这些模块也被称为"互补品"，一个平台的功能和价值在很大程度上取决于平台上的模块所提供的功能和模块的数量。例如：

- 只有当大量的商家入驻并提供丰富多样的商品时，淘宝才能吸引大量消费者使用。
- 只有当各个游戏制作公司都在Steam上发布自己的游戏产品时，Steam平台的价值才能显现出来。

[一] Tiwana A, Konsynski B, Bush A A. Research commentary-platform evolution: Coevolution of platform architecture, governance, and environmental dynamics[J]. Information Systems Research, 2010, 21(4): 675-687.

- 只有当用户能下载和使用各种应用程序时，苹果手机对用户才具有独一无二的价值。

其次，模块通过接口与平台和其他模块松散耦合⊖。接口是一组数字平台预先定义并提供给模块调用使用的编程函数。它使模块开发者得以访问平台内的一组例程⊜。这样，开发者就无须理解数字平台内部工作机制的细节，也无须访问数字平台的源代码。接口是一个标准化的概念，不同设备上的接口是一致的，这样便于产生更多的迭代创新。比如应用程序接口（application programming interface，API），它能帮助模块连接到平台上，并与平台和其他模块进行交互，但又不影响模块自身的功能，模块的改变也不会影响平台或其他模块的核心功能。

最后，技术视角下的数字平台作为一种软件系统有自己独特的平台架构。平台架构为平台提供了一系列相关的抽象模式，可以指导数字平台各个方面的设计。平台架构可以被视为一张概念蓝图，描述了平台自身各个组件间的交互关系、平台与模块之间的交互关系，提供了对两者都有约束力的设计规则。

⊖ 松散耦合对应的英文为 loose coupling，是指一个系统由多个子系统组成，每个子系统（即模块）内部"强内聚"，但子系统之间"松散耦合"（即依赖度较小，通过标准接口对接），最终各子系统组合在一起实现整个系统的目标。这一概念在信息系统、组织管理等领域应用广泛。参见：Simon H. The architecture of complexity[J]. Proceedings of the American Philosophical Society, 1962, 106(6): 467-482。

⊜ 例程是某个系统对外提供的功能接口或服务的集合。

组织视角：新型组织形式

在组织视角下，数字平台被看成是一种新型组织形式，由技术架构和针对参与者的治理机制组成。技术架构强调数字平台的技术特征，即由核心平台、标准化接口和模块组成的技术体系结构，提供了数字平台与模块之间关于技术结构的概念蓝图。

治理机制强调数字平台的社会过程特征，是一套体现数字平台所有者对双边或多边参与者施加影响的政策和机制。治理机制协调模块开发者和使用者之间的交流和互动，以符合平台的价值主张，促使平台的参与者共同进行价值创造。数字平台的治理机制提供了数字平台所有者与模块开发者和使用者之间关于社会行为的概念蓝图（见图 4-1）。㊀

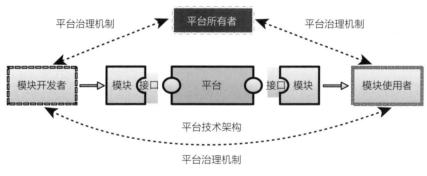

图 4-1　组织视角下的数字平台

数字平台治理机制的目的在于"协调"。数字平台的功能取决于平台上的各个模块，它的价值依赖于模块开发者和使用者。然而，实

㊀ Saadatmand F, Lindgren R, Schultze U. Configurations of platform organizations: Implications for complementor engagement[J]. Research Policy, 2019, 48(8).

际情况是这些模块开发者和使用者并不是平台所有者的员工，与平台所有者不存在和传统企业一样的来自等级制度的权力关系。因而，平台所有者为了提高与其他平台的竞争优势，增加自身价值，不是以命令方式直接控制这些模块开发者和使用者，而是通过协调治理平台中的双边或多边网络来使平台形成一个和谐整体。

数字平台的四大特性

如上节所述，数字平台不仅是一个双边/多边市场，一种数字技术，也是一种新型组织形式。我们从经济学、技术和组织视角看到了数字平台的不同侧面。综合来看，数字平台拥有四大特性（见图 4-2）。

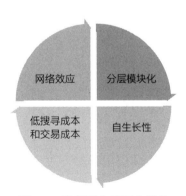

图 4-2　数字平台的四大特性

分层模块化

作为一种数字技术，数字平台不仅具有数据同质化、可重新编程性和可供性（见第 1 章），更为重要的是它呈现出独特的分层模块化架构（layered modular architecture）的特性。一方面，数字平台具有模块化架构。模块化是一种系统架构，是复杂系统的一般属性。在模块化架构中，复杂系统中的元素（如决策、任务或组件）可以被分解成单独的更小的子系统，这些子系统在一定程度上相互独立又相互依赖[⊖]。模块化架构使得某一模块的更改可以不影响其他模块的功能。数字平台与连接在平台上的模块可以看成两个截然不同的结构，数字平台和模块都可以独立设计和更改，而不影响各自的核心功能。就像乐高积木，每一块积木都是一个独立模块，一块积木的拆卸和组装并不影响其他积木。

另一方面，数字平台又是一个分层架构，至少包含了四个层级：设备层，如计算机、操作系统等；网络层，如网络标准等；服务层，如 App 等；内容层，如 App 中的声音、文本、图片、视频等。

分层模块化的特性使得数字平台的复杂性大大降低。首先，标准化接口让不同模块之间可以松散耦合。其次，不同的分层架构按照多种设计层级运行。最后，不同层级通过不同公司之间共享的标准和协议进行连接。

比如苹果 iOS 系统中的应用程序开发者可以自主、独立地对自己的产品进行漏洞修复、内容更新，不会影响 iOS 系统和其他应用程序。而 iOS 系统本身的更新和修复也可以独立进行，不会影响应用程序的核心功能。从这个角度看，模块化使得每个子系统可以专心

⊖ Simon H. The architecture of complexity[J]. Proceedings of the American Philosophical Society, 1962, 106(6): 467-482.

完善自己的功能，不需要知道其他部分的内在细节和内部构造。因而，数字平台的分层模块化特性使得它在保持整体性的同时，又具有极大的灵活性。

自生长性

模块化使得数字平台具有自生长性。自生长性是一种技术的整体能力，它能产生由大量、多样、不受协调的受众所驱动的自发变化。[⊖]数字平台的自生长性是指它允许各类元素在平台上进行组装、重组、扩展和重新分配。[⊜]数字平台只提供平台核心代码和接口，各种各样的模块在竞争合作中接入、退出、修改、重新接入，不断补充和扩展整个平台的功能。产品、组织、产业边界逐渐变得模糊，使得各个模块可以在平台中不断地修正和扩充，进而逐步丰富和扩展，也为各类衍生创新带来了大量的机会。

例如，淘宝平台上的卖家根据市场竞争情况创新自己的产品和服务，使得平台上的商品种类逐渐多样化，买家的选择空间也更大；苹果推出的 iOS 系统允许第三方应用程序接入和自主创作，这极大地扩展了苹果手机的功能。

低搜寻成本和交易成本

由于数字平台是由数字技术支持的，它作为一种数字基础设施，

⊖ Zittrain J. The generative internet[J]. Harvard Law Review, 2017, 119(7): 1975-2040.

⊜ Nambisan S. Digital entrepreneurship: Toward a digital technology perspective of entrepreneurship[J]. Entrepreneurship Theory and Practice, 2017, 41(6): 1029-1055.

受地理因素和时间因素的限制很小。数字平台能够利用数字技术将不同地区、不同时区的参与者连接在一起，使参与者跨越空间和时间的阻隔，快速地进行信息交互，因而大大降低了参与者的搜寻成本和交易成本。

基于数字技术的支持，参与者可以在数字平台上快速地搜索到自己想要的产品和服务，按照自己的喜好获取所需的信息和知识，而无须像在现实生活中一样漫无目的地四处打听。参与者也可以用更少的时间和精力获得更多的信息，通过评论、认证信息、排名信息等评估交互对象，极大地降低了信息不对称和不确定性，有效地降低了交易成本。

网络效应

数字平台内有两组或多组不同的经济活动参与者，它是一个双边/多边网络平台，因而具有网络效应。网络效应是指一个产品对用户的价值取决于该产品的用户数量[1]。数字平台的网络效应指的是平台对参与者的价值取决于使用该平台的参与者数量。只有一个参与者、一个模块的数字平台是没有价值的，因为没有其他人进行交互。而当第二个参与者加入、第二个模块接入时，第一个参与者获得的价值就被增加了。

参与者的增加意味着平台上可以和参与者交互的对象数量的增加，由此，平台对于参与者的价值也逐渐增加。比如淘宝拥有 7 亿多的年度活跃消费者，这个数量对于准备加入淘宝的商家和消费者极具

---

[1] Katz M L, Shapiro C. Network externalities, competition, and compatibility[J]. American Economic Review, 1985, 75(3): 424-440.

吸引力，因为商家有更多的消费者可以接触。同样，当有更多的商家入驻淘宝时，消费者也会有更多的商品选择。

再如，微博高达 2.22 亿的日活对之后加入的用户来说更有价值，因为这意味着可以和更多的用户、同伴进行交流。一旦这种网络效应被触发，数字平台的效用和价值就会自行增加。

根据数字平台中价值流动方式的差异，网络效应可以分为直接网络效应和间接网络效应（见图 4-3）。

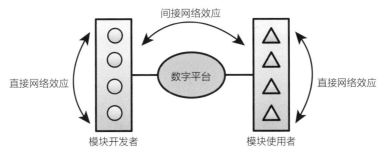

图 4-3　数字平台的网络效应分类

- 直接网络效应也被称为同边网络效应，即数字平台对一类用户的价值取决于该平台内同类用户的数量。比如增加一个 iOS 平台中的 App 可以增加平台内其他 App 所有者的价值，因为更多的应用常常意味着更多的创新机会；增加一个淘宝买家，可以增加其他买家的价值，因为当更多的买家互动交流时，买家的购物体验就会增强。
- 间接网络效应也被称为跨边网络效应，即数字平台对一类用户的价值取决于该平台内另一类用户的数量。比如增加一个

iOS 平台中的 App 可以增加 App 使用者的价值，因为有更多的 App 供使用者安装并使用；增加一个淘宝买家，可以增加卖家的价值，因为对卖家来说增加了潜在顾客。

不过，数字平台只有达到一定规模才会产生网络效应，这个规模被称为临界点。一旦数字平台的规模达到了临界点，网络效应就能帮助数字平台进入正向反馈循环（详见创新聚焦4-1）。每个平台的临界点可能都不一样，对新平台来说，如何吸引各方参与者以达到这个临界点是最大的挑战。不同的平台会采用不同的技术架构和治理机制来促进网络效应的产生。

创新聚焦 4-1

小红书"种草"分享模式

从为用户提供免费可下载的境外购物攻略，到构建一个全场景的平台，小红书上的分享内容已经囊括了运动、旅游、家居、酒店、餐馆等方方面面。通过将线下购物场景转移到线上，小红书鼓励用户生产内容，分享真实的用户体验。大多数电商平台通过建立在大数据基础上的用户画像为消费者智能推荐产品，但实际上，用户需求还受到 KOL（key opinion leader，关键意见领袖）推荐、口碑传播等社交因素的影响。

通过社区的内容分享，小红书利用"种草"分享模式来激发网络效应（见图4-4）。这种模式与传统广告的区别在于广告的来源主体不再是商家，而是来自他人有意或无意的观点或经验的分享，本质上是一种基于人际互动的信息传播模式。

第 4 章 解构数字平台 75

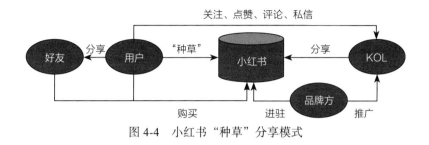

图 4-4 小红书"种草"分享模式

小红书将社区功能细分，并通过智能算法对不同类型的用户进行个性化精准推荐。对于那些"闲逛"的用户，小红书向他们推送近期热门话题，以及入驻小红书的流量明星、KOL 等分享的精选笔记内容，以此提高用户对内容的阅读率。当用户带着明确的需求来搜索相关内容时，小红书则采用了"视频+图文"的内容展示形式，相比其他静态内容可以更好地吸引用户注意，获得更多的内容曝光机会。同时，用户在浏览内容后可以直达商城。通过这一模式，小红书实现了社区到电商的转变。

更为重要的是，小红书激发了用户的"认同感"和"代入感"，使用户产生价值与情感上的共鸣，进而通过用户的分享及传播来获取新用户。在小红书，用户在社群间交流"种草""拔草"的经验，也通过口碑传播将平台推荐给好友，这样不仅推广了平台，也让平台以较低的成本迅速建立起庞大的用户网络。

除了正向网络效应，也可能存在负向网络效应，即网络规模的扩张可能会降低参与者获得的价值，使得参与者减少，进而又使网络规模变小。比如在同一条宽带网络上，增加一位使用者就会降低其他使用者的网速，因此增加宽带使用者降低了已有使用者获得的价值。数字平台本身也可能出现负向网络效应。比如有些电商平台所有者因自己进入互补商品市场，可能使得第三方卖家不愿进驻该平台，以避免与拥有丰富资源和较高等级权力的平台所有者展开竞争（关于平台与互补者之间的竞争，详见第 6 章相关论述）。因此，数字平台所有者需要特别注意平台的架构和治理机制，以确保能够产生正向网络效应。

基于这四大特性，随着数字平台规模的不断扩大，它的复杂性也在不断增强。事实上，数字平台及其模块也构成了一个复杂系统。要对数字平台进行有效管理，平台复杂性成为平台所有者首先要关注的问题。

那么，如何应对数字平台的复杂性呢？在具体展开之前，我们首先来看数字平台到底怎么复杂。数字平台的复杂性可以分为结构复杂性和行为复杂性两个方面[⊖]。结构复杂性是指平台的各个部分（如各层级中的各个模块）之间的相互作用非常复杂；行为复杂性是指平台中的各个利益相关者（如用户、互补者等）的行为难以预测和控制。数字平台的复杂性不仅会导致平台所有者难以把握平台内各个部分的作用过程，也会使平台参与者难以理解平台的技术结构和参与方式，进而阻碍数字平台的创新。

对于结构复杂性，平台架构设计是一个有效的策略；而对于行为复杂性，一套完善的治理机制则是必不可少的。一套精心设计的平台架构和治理机制能够有效地降低数字平台所有者与平台参与者之间的交易成本，以及数字平台所有者因管理而产生的协调成本。接下来，

⊖ Tiwana A. Platform ecosystems: Aligning architecture, governance, and strategy[M]. Mass: Morgan Kaufmann, 2014.

我们将分别重点讨论设计平台架构以管理结构复杂性和设计治理机制以管理行为复杂性。

设计平台架构以管理结构复杂性

对数字平台结构复杂性的管理需要平台所有者精心设计平台架构[⊖]。模块化架构是指平台系统的形式和功能被分解成了若干子系统，它定义了哪些子系统属于平台核心代码库，哪些不属于核心代码库，以及它们是否可以分离。平台架构分模块可以降低平台结构复杂性，将复杂系统分解成具有特定功能的子系统。平台架构分模块使得各子系统的设计师只须了解自己系统的内部结构，无须考虑其他子系统如何工作。良好的模块化架构能够让平台中的子系统被单独设计和实施或被不同的专家所操作，然后使各子系统通过协作形成一个整体。

基于此，我们提出了两个互相关联的平台架构设计策略——去耦合化和接口标准化，以帮助平台所有者管理数字平台的结构复杂性。

平台架构设计策略一：去耦合化

模块化架构有助于数字平台及其模块的分布式创新和演化发展，对平台所有者和模块开发者来说都有重要影响。对于平台所有者，模

⊖ Tiwana A. Platform ecosystems: Aligning architecture, governance, and strategy[M]. Mass: Morgan Kaufmann, 2014.

块化架构设计影响着平台的以下决定：哪些模块最好由平台所有者来开发和管理，哪些模块可以让第三方来设计和运行。

由平台所有者开发和管理的系统进一步分块成特定功能的子系统，由不同程序员或部门进行管理，能够减少由某一程序员或部门面对整个平台系统而带来的复杂性约束，也有助于灵活地满足平台所有者和参与者日益多样化的需求。对于模块开发者，模块化架构使他们能够专注于自己所涉及的应用程序和模块，而无须了解平台内部的工作原理和其他模块的结构，从而可以独立、灵活、低成本地创新自己的产品和服务。

如果平台无法被有效地分块，模块之间的依赖过深，那么改动一次模块就可能牵涉整个平台的架构，这会为平台所有者和模块开发者带来巨大的成本，包括开发成本、协调成本等。随着平台的日益复杂化，模块之间的依赖关系也可能更加难以理解。模块开发者需要厘清这些复杂的依赖关系，才能设计自己的创新产品。巨大的开发成本可能使得模块开发者无法承受而选择不参与该平台。不同数字平台有着不同的平台架构，它的复杂性不同。对那些参与多个平台的模块开发者来说，为了适配不同平台而调整每个平台上的产品，可能会导致产品质量的下降[⊖]。

模块化架构的核心是有意将各个模块与其他模块相互隔离开来，建立一个类似乐高积木的结构，每一块积木的内部调整不会影响其他积木。这一过程就是去耦合化，主要通过封装这一设计过程

[⊖] Cennamo C, Ozalp H, Kretschmer T. Platform architecture and quality trade-offs of multihoming complements[J]. Information Systems Research, 2018, 29(2): 461-478.

来实现[○]。封装就是将可能发生变化的内容放在一起封装起来，对外只提供固定的信息。

平台内部模块的信息通过封装被隐藏，只有平台开发者才知道平台内部结构运作细节。对外部模块开发者来说，平台内部细节是一个黑箱，他们只能看到平台对外所提供的必要属性信息，并通过接口进行访问。相同逻辑也适用于外部模块开发者，他们可以通过封装将内部细节信息隐藏，只提供与平台交互所需要的可见信息。

去耦合化降低了平台系统的结构复杂性，模块开发者因而能够只关注自己的模块开发工作，而不需要了解平台和其他模块的内部细节，一个模块的改变也不会对平台内部和其他模块产生影响。同时，封装也保护了数字平台和各应用程序的秘密。

平台架构设计策略二：接口标准化

模块化使得模块开发者能够根据自身特长对各个子系统进行独立设计和管理，但最终平台的各个子系统需要与平台核心相连接，并彼此交互形成整体。平台的系统集成能力是指平台所有者将不同模块与平台核心相结合的能力，它将影响到整个数字平台的价值实现。集成涉及平台与模块之间的集成，以及模块与模块之间的集成。良好的平台架构需要在确保平台与模块、模块与模块之间围绕目标有效协作的同时，降低集成过程的成本。

○ Baldwin C Y, Clark K B. Design rules: The power of modularity[M]. Cambridge, MASS: MIT Press, 2000.

接口是数字平台与模块之间的一个协议,是平台的可见信息,明确了模块与数字平台之间基本的技术交互规则。标准接口也被称为平台的设计规则,是数字平台所有者希望模块开发者所遵循的规则。模块通过定义良好、明确且不容易更改的协议和规则与平台进行数据交换,以确保彼此之间的相互操作性。对于模块开发者,接口是模块获取数字平台内部资源和服务的唯一途径。因此,数字平台的接口不仅确保了平台与模块之间的交流,也约束了交流的方式。

作为平台与模块之间的黏合剂,接口标准的设计既要保证接口的稳定性,也要保证其通用性[⊖]。稳定性可以使得在不同时间加入平台的模块开发者对平台内其他部分做出相同的假设,而无须验证这些假设。但是,这种稳定性也意味着接口标准不能随着时间的推移而快速改变,就像硬件显示设备的 VGA(video graphics array,视频图形阵列)标准已经持续使用了 30 多年。虽然这能最小化平台所有者与模块开发者在模块设计决策上的协调成本,但也可能约束后续的模块设计。

因此,平台的接口标准不仅要具有稳定性,还要具有通用性。通用性意味着接口能够连接那些平台设计者未能预测到的模块,不能过度限制模块的发展,从而保证整个平台的多样性和灵活性。总之,平台所有者需要面临如何将接口标准设计得既稳定又不过度约束模块开发者的挑战。

⊖ Tiwana A, Konsynski B, Bush A A. Research commentary-platform evolution: Coevolution of platform architecture, governance, and environmental dynamics[J]. Information Systems Research, 2010, 21(4): 675-687.

设计治理机制以管理行为复杂性

一个平台包含了平台所有者、平台提供者、生产者/互补者、消费者/使用者等不同的利益相关者，这些利益相关者的行为通常难以预测和控制。例如，拼多多刚上市的时候被爆出平台内存在大量山寨商品。这个问题的解决说简单则非常简单——直接下架相关商品即可，但拼多多并未这么做。这是因为一个简单的"规则"的改动可能会引发一系列后续问题。正如黄峥所言："低价是拼多多阶段性获取用户的方式，拼多多对性价比的理解是'始终在消费者的期待之外'，拼多多的核心不是便宜，而是满足用户占便宜的感觉。"为了实现"始终在消费者的预期之外"这一核心逻辑，拼多多不能直接一刀切下架相关商品，这可能会引发负向网络效应。而是"要跟大禹治水一样去疏导这些白牌机厂商，你不能只靠堵，也要靠疏导。"⊖

拼多多管理这些包括白牌机厂商在内的互补者的底层逻辑是什么？这就涉及数字平台行为复杂性管理的重要内容：治理机制的设计。接下来，我们将详细讨论权责分配、控制机制和定价机制这三大治理机制是如何帮助数字平台管理行为复杂性的（见图 4-5），将聚焦于三大治理机制的具体内容，让读者对数字平台行为复杂性的管理有一个全面的理解。

⊖ 每日经济新闻.拼多多"喊冤"：我们是认真打假的，打得我们自己都挨了打 [EB/OL].（2018-08-01）[2020-05-03].http://www.nbd.com.cn/articles/2018-08-01/1240614.html.
白牌是指一些小厂商生产的没有牌子的手机或计算机等商品，这里的白牌机是指白牌电视机。

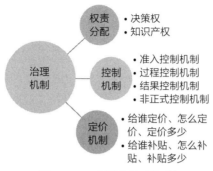

图 4-5　三大平台治理机制

治理机制一：权责分配

设计平台治理机制首先要考虑的是权责分配。权责分配是指平台所有者、模块开发者和使用者之间的权力和责任在数字平台上的分配。它主要涉及数字平台所有者和参与者之间的决策权、知识产权分配。

（1）决策权。它是指在数字平台上做出特定决策的权力。数字平台中的决策权可以分为平台决策权和模块决策权，包括：

- 平台或模块应该做什么，如功能、特征、内容等。
- 平台或模块应该怎么做，如设计、呈现方式和过程、界面、接口等。
- 谁控制平台与模块之间的内部接口等。

平台决策权都由平台所有者掌握，模块决策权都由模块开发者掌握，这种说法是片面的、不恰当的。比如，淘宝平台对于第三方开发的应用程序的 UI 图标有基本规定,以使平台内的开发者设计的图标保持一致。换句话说,模块设计的决策权并不完全由模块开发者自己掌握,还受平台所有者约束。

一种情况是,决策权主要归于平台所有者,这样的平台决策权较为集中;另一种情况是决策权主要归于模块开发者和使用者这些平台参与者,这样的平台决策权较为分散。决策权可以在平台所有者集权和参与者分权之间变动,决策权的集中或分散程度是数字平台所有者进行治理的一个重要方面。

同一数字平台对不同模块所设定的决策权分散程度可能也不同。也许某一类模块的决策权主要集中于平台所有者手中,而另一类模块的决策权则可能分散在开发者或使用者手中。

此外,不同数字平台决策权的集中程度可能不同,对于平台决策权和模块决策权的分配也可能不一样。有些平台可能对模块开发者有较高的要求,而有些平台则给予模块开发者更大的自主性。对参与多个平台的模块开发者而言,不同平台的决策权分配情况可能影响着产品的设计和运营,模块开发者因而需要在不同平台之间进行权衡。

(2)知识产权。平台内智力劳动成果的知识产权问题涉及所有的平台所有者、模块开发者和使用者。这既包括平台所有者与参与者之间的知识产权问题,也包括平台参与者之间的知识产权问题。

平台所有者与模块开发者之间可能涉及模块的知识产权问题。比如小说平台上的作者所创作书籍的著作权归属问题,应用程序平台上各个程序可能涉及平台内部架构的程序代码,从而产生的著作权问题等。

平台参与者之间也可能存在知识产权问题。比如在某些开源软件社区平台，开发者们会分享、交流自己的代码，其他开发者可能在自己所开发的产品中运用这些属于其他开发者的代码，从而可能引起知识产权的纠纷。一个视频平台的用户可能将平台中其他用户的视频转载到另外的视频平台，该用户和原视频创作者之间就可能涉及知识产权问题。

平台内各类智力劳动成果的专有权利归属将影响参与者在平台内进行创造的意愿和行为。知识产权归属决策的合理合法有助于数字平台实现正向网络效应，而不合理则可能导致参与者大量流失。此外，知识产权问题也涉及平台治理的定价机制。因此，数字平台所有者需要谨慎对待知识产权问题。

治理机制二：控制机制

控制机制是指数字平台所有者为确保参与者的行为符合平台的价值主张而建立的正式和非正式机制，是平台所有者用以奖励平台中受认可的行为、惩罚不良行为的规则和制度。正式控制机制是平台所有者制定的一系列客观、公开的规则和制度，可以分为准入控制机制、过程控制机制、结果控制机制。除了正式控制机制，数字平台还有一些非正式控制机制。

（1）准入控制机制。它是指数字平台所有者对于哪些模块和参与者可以进驻平台的规定。比如淘宝对卖家入驻的标准规定、拼多多对商家的审核规则、苹果 iOS 系统对应用程序上架的审核规则、起点中文网对新书发布的审核规定、bilibili 弹幕视频网对新用户注册的测试规定等。准入控制机制使得平台所有者扮演着"看门人"的角色，平台所有者评估模块开发者所提供的模块是否符合平台的利益及价值主张，以判断是否准许他们进驻平台。

（2）过程控制机制。它是指参与者在平台上开展活动的过程中，平台所有者对其制定一系列奖惩的规则和程序，以确保参与者的行为符合平台的价值主张。过程控制机制的目的是控制参与者在开发或使用模块的过程中不偏离平台的价值主张，保证其结果有利于各方参与者。典型示例如下：

- 一些应用软件众包平台（如开源众包平台、百度众包平台）会为发包者和接包者提供项目管理工具，同时制定一系列项目实施过程规则，并不定时进行巡检以监测接包者在项目开发过程中是否符合规定，以保证双方交易顺利进行。
- 淘宝平台为第三方独立应用程序开发者提供了平台开发和测试工具，并要求开发者遵循平台开发规则，只有应用程序完成开发测试并通过安全扫描后才可上线。
- 各类社交平台利用数字技术限制或屏蔽用户发布违反法律法规的内容，对于那些违规用户进行封号处理。
- 电商平台会处罚那些在交易过程中延迟发货、拖欠款项、买卖假货的卖家或买家。

过程控制机制试图保证模块开发者和模块使用者等各类参与者遵循平台所有者规定的流程，而不是按照参与者自己设计的过程"擅自行事"。在过程控制机制约束下，各类参与者能够有序地交互，尽可能地避免由放任自由所导致的混乱和失控。

（3）结果控制机制。它是指平台所有者根据参与者行为的结果表现，对其进行奖惩的一系列规定，一般体现为以市场为导向的绩效指标形式，如下载量、点赞数、好评率等。

平台所有者预先设定好这些客观指标，并根据这些指标制定一系列规则，比如苹果应用商店的下载排行榜规则、淘宝的搜索排名规则、在线论坛的帖子热度排序规则等。然后通过市场竞争，让平台参与者来评估模块质量，用高排名、高销售、高热度奖励高质量的模块开发者，用低排名、低销售、低热度来惩罚低质量的模块开发者。

（4）非正式控制机制。它是建立在平台所有者和参与者共享的文化价值观、行为准则之上的。数字平台所有者一般会为整个平台提供一个价值主张和总体目标，并定义整个平台的特性，设定未来的发展轨迹，使参与者们拥有一个共享身份。这种共享的文化价值观以及共同的平台社会规范使得平台内各类参与者形成一个集体，无形之中对平台参与者的行为和目标进行了调整。

这种非正式控制机制无须依赖平台所有者的直接参与和执行，有时平台内的参与者会自主维护平台的文化氛围和社会规范，排斥、惩罚那些破坏平台和谐的参与者，这种集体行为在共享社区内尤其明显。一般来说，正式控制机制执行成本较高，且很难面面俱到。非正式控制机制弥补了这些不足，帮助平台所有者更有效地协调各类参与者，使之成为一个和谐整体。

治理机制三：定价机制

定价机制是平台的第三大治理机制。数字平台所有者对平台上不同参与者设立定价或补贴机制，其目的是建立激励机制，激发网络效应，提高平台整体价值。数字平台所有者在设立定价机制时，主要考虑的方面包括：给谁定价、怎么定价、定价多少；给谁补贴、怎么补贴、补贴多少等。

- 给谁定价涉及数字平台所有者从哪些参与者身上赚钱，主要分为对称定价和非对称定价[⊖]。对称定价是指平台所有者在模块开发者和使用者两边都赚钱，非对称定价则只赚其中一方的钱。
- 怎么定价涉及数字平台所有者如何从参与者身上赚钱。比如淘宝通过为店铺提供广告服务收取费用，而天猫则对店铺的每笔交易额按不同比例抽成。
- 定价多少则涉及数字平台所有者能从参与者身上赚多少钱。

一般来说，数字平台所有者会采取非对称定价。在这种机制下，平台所有者通常会对模块开发者和使用者中的一方进行补贴，这是激发平台网络效应的重要手段。平台所有者需要决定给谁补贴、怎么补贴、补贴多少。一些平台会选择补贴模块开发者，比如速卖通为吸引商家入驻而为其免除年费，bilibili弹幕视频网推出了创作者激励计

⊖ Chakravarty A, Kumar A, Grewal R. Customer orientation structure for internet-based business-to-business platform firms[J]. Journal of Marketing, 2014, 78(5): 1-23.

划。另一些平台则选择补贴使用者，比如拼多多赠送消费者优惠券、红包，Kindle 会为读者提供促销的电子书。当然，数字平台所有者还必须考虑补贴的数量和时间。过多、过长时间的补贴虽然可能会吸引大量参与者的加入，但也可能会损害平台所有者自身的利益。这是因为当停止补贴时，反而会招致参与者的不满，进而导致参与者的流失。

第 5 章

数字平台的崛起

如第 4 章所述,数字平台是连接两个或多个群体,提供双方或多方的互动机制以满足不同群体需求,进而从中获利的一种新型组织形式。平台本身往往并不会直接参与价值创造过程,而是为平台参与者进行价值创造提供必不可少的物理空间或虚拟空间。因此,数字平台的核心竞争力并不在于传统的人力资源、财务资源等,而在于平台底层的数字技术创新能力,以及平台用户资源等。

数字平台的崛起得益于数字技术带来的极低交易成本和网络效应。所有类型的数字平台都会提供一套能够激发市场中多边用户参与互动的规则。随着参与者数量的增多,网络效应就会被激发,平台上产品或服务的价值也随之增加。正是由于网络效应的存在,平台得以在数字世界中生存和发展,而在这其中,部分激活网络效应的平台企业往往能够凸显出来，实现赢者通吃。那么，如何突破"冷启动"门槛并成功激发平台的网络效应呢？这是本章要探讨的第一个核心问题。

然而，即使平台成功地激发出网络效应，平台企业也不能"高枕无忧"。这是由于数字技术的存在使平台企业的跨界成本越来越低，看似毫不相关产业中的企业，可能会一夜之间变成对手；曾经面向同样用户群体的"生死与共"的合作伙伴也可能会因此而互相发起进攻⊖。

例如，百度、腾讯、阿里巴巴依托它们的核心业务优势（搜索、社交、电商）不断向其他领域渗透，形成了无所不包的综合性超大型平台。但是，由于数字技术的涌现，新的平台企业往往拥有更强大的渗透能力、更夸张的崛起速度，使得原有的"流量巨头"们面临着接连不断的挑战和威胁。比如，依托新的算法技术，今日头条迅速成长；依托移动社交优势，拼多多快速成长为超大型平台，对淘宝构成威胁。

可见，数字平台间的竞争呈现出极大的不确定性：一方面，平台遵循着"快速做大"的原则，激活网络效应的先入者在竞争中有着巨大的优势；另一方面，数字技术发展使得先入者随时面临着被颠覆的窘境⊜。那么，在位平台企业如何能在保持持续扩张的同时避免被颠覆呢？这是本章要探讨的第二个核心问题。

接下来，本章将从平台所有者和提供者的角度出发，通过聚焦平

⊖ 陈威如，余卓轩. 平台战略：正在席卷全球的商业模式革命 [M]. 北京：中信出版社，2013：88-89.

⊜ Zhu F, Iansiti M. Entry into platform-based markets[J]. Strategic Management Journal, 2012, 33(1): 88-106.

台"冷启动"和扩张过程的几大重要问题来探究平台崛起的秘密。

确立核心价值主张

寻找"硬性需求"

正如传统企业需要建立自己的核心价值主张，数字平台则需要为用户创造价值，服务于用户的"硬性需求"，这里强调的是真实需求，而非虚假需求。"用户不是要买电钻，而是要买墙上的那个洞"，识别出用户的真实需求是平台创新的基础。一个好的平台，在很多时候必须提供能够满足用户真实需求的服务，只有满足的是真实需求，它的创新性服务方式才有意义。如果某一需求转瞬即逝，那么即使平台把握住这个需求，也只是为后来者探路，而不会提高用户的转换成本，也就不能增加用户黏性。因此，构建平台的第一步就是挖掘用户的"硬性需求"，创新地建立自己的核心定位以满足用户期待。

事实上，连接多边群体的中介平台并不是什么新鲜事物。只是由于数字技术大幅降低了交易和连接的成本，强大的网络效应随之涌现，数字平台才得以风靡全球。例如，每当有人在谷歌搜索平台上建立连接、搜索信息时，谷歌就会根据这些信息立即采取行动，以改善其他平台参与者的体验；2020年，谷歌搜索每日能收到高达69亿次的搜索请求[一]。基于网络效应对平台的重要意义，创建核心

[一] Petrov C. The stupendous world of google search statistics [EB/OL].（2020-05-13）[2020-06-09]. https://techjury.net/blog/google-search-statistics#gref.

定位以满足用户期待，就需要深入思考第 4 章提及的数字平台四大特性。

那么，如何寻找"硬性需求"呢？接下来，我们从差异化的用户感知价值、社会性价值、长尾需求三个方面来举例说明寻找"硬性需求"的思路。

（1）摸索并创造差异化的用户感知价值。例如，京东和拼多多就是分别针对所谓"新中产市场"和"下沉市场"的消费者创造了差异化的用户感知价值。再如，正泰集团尝试构建工业物联网平台，这一平台想要建立的核心差异化价值主张在于，通过能源电力垂直领域的大数据采集、汇聚、分析等为这一行业的其他企业赋能。

（2）通过"意义创新"为用户提供社会性价值。"场景化"的逻辑在数字平台寻求核心价值主张过程中至关重要，这是因为同样的数字技术在不同场景中往往会被赋予完全不同的意义。罗伯托·维甘提总结了意义创新的基本过程⊖，其背后的核心逻辑在于：从内心出发构建对他人的意义（送礼物的人为心爱的人精挑细选准备礼物，收礼物的人不仅收到礼物，还收到了礼物背后的心意），以及善用批评的艺术（一是挑战自我认知框架，二是不断比对不同人的诠释，进而创造新的意义）。例如，拼多多的核心价值主张是"满足用户占便宜的感觉"。再如，钉钉满足的用户核心价值主张是在工作上"快速高效地公事公办"的感觉，这与企业微信尝试把工作社交和生活社交连接起来的思路有很大差异。

⊖ 维甘提. 意义创新——挖掘内心需求，打造爆款产品 [J]. 清华管理评论，2018(9): 22-31.

（3）寻找长尾需求。长尾需求是指在需求曲线中，除了流行的头部需求之外，那些个性化的、零散的少量需求的集合。数字技术能够以低成本实现大规模连接，促使传统经济所强调的"头部"需求规模效应的逻辑发生转变。在思考数字平台的核心价值主张时，"长尾效应"的思路要和"规模效应"的思路并存。例如，线下图书售卖行业强调的是"规模效应"，所以在线下书店可以看到许多教辅、"成功学"、名著小说等书籍，但亚马逊依托在线商城，聚焦于一些小众书籍，通过解决这些非常离散分布的需求快速起家。现阶段，各个行业其实都存在很多长尾需求，通过数字平台解决这些长尾需求将是一个重要的新方向。

至此，我们为寻找"硬性需求"以确立数字平台的核心价值主张提供了一些思路。数字平台之所以能以较低成本实现迭代创新，它的连接和整合资源能力是关键。为了实现核心价值主张，平台可以进一步从创造直接连接、盘活闲置资源两方面入手来为用户提供有巨大黏性的服务（见图 5-1）。

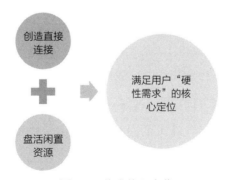

图 5-1　找准核心定位

策略一：创造直接连接

经济活动本质上都是交易活动，提高交易活动效率的前提是交易双方能够进行直接连接。数字技术的快速发展使许多原先不能直接连接的交易双方变得可能直接接触。创造直接连接策略，就是指数字平台通过简化传统交易中那些不必要的中间环节，高效匹配供需，以提升整个价值链的运行效率。运行效率的提升依赖于以下两方面：一方面，数字平台可以消除原先交易活动中的信息屏障，让信息变得更加透明；另一方面可以削减服务的瓶颈环节而使整个交易流程更高效。⊖

通过对现有资源进行重新整合和部署，创造交易双方之间的直接连接，从而降低交易成本，并实现了过去不可能完成的交易。数字平台在创造直接连接时，可以将平台内不同社会主体通过社会性元素联结起来，在更高层面和更大范围内，推动不同社会主体一同为共性的社会环境问题提供更有效的解决方案。例如，知乎让普通人能够轻易连接到各个领域的专业人士，微博让粉丝和明星可以随时对话等。

策略二：盘活闲置资源

盘活闲置资源意味着利用数字技术建立平台，以加强供需之间的联结，协调供需双方的匹配，提高各方用户参与的广泛性和积极性。在满足一边群体多元化需求的同时，减少另一边资源的闲置和浪费，

⊖ 陈威如. 产业互联网的平台化思维与实践 [EB/OL]. (2020-01-06)[2020-05-03]. blog.ceconlinebbs.com/BLOG_ARTICLE_269752.HTM?b_xiangguan.

以此实现价值的共创共享⊖（详见创新聚焦 5-1）。

创新聚焦 5-1

魔筷科技的 S2B2C 模式

成立于 2015 年的魔筷科技几年内迅速发展壮大，获得了快手、腾讯、唯品会等战略投资。该平台的核心逻辑就在于通过货源与网红的精准匹配，高效触达消费群体。

直播电商的快速兴起带来了新的机会：网红拥有大规模的流量资源，而国内很多能生产质量较好产品的企业却没有销路。魔筷科技就为二者提供了一个直接的连接通路：首先，魔筷科技平台整合了选品、配送、售后的供应链，同时投入大量资本以赋能网红。所谓 S2B2C 模式，"S" 指供应链端的架构，B 是快手等平台上的网红意见领袖（KOL），C 是消费者。魔筷星选（魔筷科技的平台）通过将 S 端赋能给 B 端网红 KOL，再依托 B 端网红 KOL 的直播和信任价值服务于 C 端消费者。通过这种人与人之间自下而上的连接、裂变，以及强关系、兴趣、地域交集等形成相关性扩张（见图 5-2）。

图 5-2 魔筷科技的 S2B2C 模式

Airbnb 的出现就印证了这一策略的成功性，该平台的成立最初

⊖ 陈春花. 打造数字战略的认知框架 [J]. 领导决策信息，2019(5): 22-23.

起源于两位创始人因交不起房租，而将自己的房屋部分出租给来旧金山却因酒店爆满而找不到地方住的旅行者。他们因而发现，连接拥有闲置房间的房主和有短期住宿需求的房客，可以使平台、房客、房主共赢，这一发现使酒店住宿领域出现了一股不可忽视的力量。

过去，我们似乎无法想象不拥有一间房屋资产就可以进入酒店行业。然而，许多人现在出国旅行的住宿不是由酒店管理公司或集团提供，而是由像 Airbnb 这样的平台提供的。通过撬动和盘活外部环境中的资源，平台可以突破自身资源和能力的极限，几乎不需要提供任何产品和服务，就可以为原有的行业带来新的格局和视角，同时为数字平台注入活力，实现平台创新发展的突破。

需要注意的是，平台在确立核心价值主张时，往往需要考虑由市场带来的"天然屏障"，即需要重视目标用户群体的文化环境，否则即使是"先入者"也无法成为"成功者"（详见创新聚焦 5-2）。由于数字技术易于复制，初创平台可以利用信息优势，迅速地复制外国成功的数字创新，根据本地的品位和偏好进行修改。通过扎根本地文化，增加对市场环境和用户习惯的了解，并与当地制度和规则挂钩，平台可以更坚实地深入人们的生活。因此，对新平台来说，复制已有的成功平台模式并结合本地文化元素可以更好地实现创新发展。

Uber 中国的垮台

Uber 通过盘活车主的闲置资源，解决了乘客打车难、体验感差的问题，以根本性的创新打车体验打破了城市出租车服务的垄断现象。2014

年，Uber 进入中国市场，经历了两年多的发展，在 2016 年 8 月初与滴滴合并，Uber 正式告别中国市场。Uber 在开拓全球市场过程中，将在美国市场上取得成功的商业模式和经营方法完全复制到其他区域，不熟悉中国文化成了 Uber 在华发展的绊脚石。

首先，Uber 采用邮箱作为指定的客服渠道，而我国乘客习惯于通过电话客服等方式进行投诉和意见反馈。因此，这种所谓高效和便捷的订单系统使得乘客在遇到纠纷时，无法立即得到反馈。在支付环节，我国电子支付系统十分发达，相比于美国消费者熟知的信用卡结算方式，我国用户更倾向于使用微信或支付宝结算，而对于支付习惯的巨大差异，Uber 也选择视而不见，这无形中增加了用户的准入门槛。

更致命的是，信用卡的预授权交易无须密码验证，有巨大的潜在安全漏洞，乘客资金极易在商家缺乏风控手段的情况下被盗刷，而这种情况下带来的损失只能由 Uber 公司承担。而反观竞争对手滴滴采取的微信支付方式，由于关联了身份信息及信用信息，使得滴滴平台在支付方式上的欺诈漏洞风险远低于 Uber。

此外，在管理层和研发工程师方面，Uber 最核心的工程师技术团队驻扎在美国硅谷，中国市场出现的问题需要依靠内部系统进行沟通。正是这种低效的管理机制给了以追求速度为首要目标的滴滴以可乘之机。

或许 Uber 中国的例子也暗含了先行者的骄傲自满，以为原有市场中助力它成功的核心定位可以无缝衔接至新的市场，而忽略了因地理差异带来的"天然屏障"，这恰好给了新创平台"攻其软肋"的机会。

资料来源：根据公开资料整理。

利用社交分享突破"冷启动"门槛

挖掘用户需求，确立数字平台的核心定位仅仅是建立平台的第一步，接下来需要重点关注网络效应的激发。与传统企业一样，当平台处于新创阶段时，首先会经历一个用户真空地带，此时，如何跨越网络效应的"冷启动"门槛是平台面临的重要问题。无论是开拓新市场还是进入已有市场，都需要平台考虑如何建立机制来调动用户参与。

进入新市场时，由于用户基础薄弱、用户认知缺乏，新平台的扩张受到阻碍。这种情况下，"寄生"于社交平台，借助社交力量，不失为明智的选择。这是因为现有各类社交平台几乎已经囊括了所有的移动互联网使用者，新创平台可以实施社交分享战略来获取用户。

社交分享战略，是指鼓励用户在社交平台上发布他们关于数字平台使用的经验。这一战略使得社交平台用户，自发承担"代言人"的角色来宣传新平台[○]。Facebook、微信等这些社交平台上的用户分享，可以直接提高用户关系网络内更多好友对于新平台的认知程度和使用频率。数字平台依托社交平台来扩大自身影响，实现尽可能低的获取用户边际成本。社交平台借助于用户与关系网络中好友分享行为的透明化进行数据积累，以降低后期有可能进行业务包络策略的用户培养和教育成本（详见创新聚焦5-3）。

○ Li Z, Agarwal A. Platform integration and demand spillovers in complementary markets: Evidence from Facebook's integration of Instagram[J]. Management Science, 2017, 63(10): 3438-3458.

创新聚焦 5-3

拼多多的逆袭

以低价和社交化拼团为主要商业模式的拼多多借助微信的流量红利,在一片电商红海中快速崛起。在淘宝、京东等巨头已经积累了多年流量护城河的电商红海时代,为什么拼多多能够实现异军突起、快速逆袭?

对电商平台来说,流量是基础。拼多多的崛起也正是牢牢把握住了电商平台背后大量消费者分享和交流的信息资源,并将这些交流和分享有效地转化为流量。以淘宝的模式再造一个淘宝,对用户来说是没有价值的。创造一种新的电商模式,让消费者体验另一种购物方式,才是创新的动力源泉。

拼多多意识到,微信作为中国最大的互联网社交平台,聚集了全国最大数量的三四线城市用户和农村用户,这些价格敏感、有闲散时间进行休闲娱乐的用户,恰恰是拼多多的主要目标用户。这些用户被分为零散化的群组,消费品也呈现出分众化的趋势,每一组消费者都会对应不同的商品,而每一个群组作为一个熟人圈子,内部成员购买和分享的商品呈现较高同质性。据此,拼多多依托微信平台,上线了以拼单为核心的业务。在拼多多上,每一款商品都标注了单独购买价格和拼团后的优惠价格。开团之后,用户需要将拼团链接发送到社交平台,并在规定拼团时间内,自行寻找到足够数量的购买者,完成购买流程。所谓拼团,就是指用户在购买商品之前可以借助社交平台吸引亲朋好友参团,共同享受商品的优惠价格。这种拼团购买的方式,将社交和电商进行融合,让消费者体验到另一种购物方式,形成了与淘宝、京东截然不同的平台战略。

拼多多在传统电商运营思维基础上加入了社交和游戏元素，主打低价和病毒式营销。利用原本微信中存在的社交连接，拼多多使每个用户都成为流量的分发渠道：通过低价秒杀、限时优惠红包、现金签到等游戏化的低价优惠活动，引导用户进行社交分享，为拼多多提供源源不断的流量运营基础。因此，拼多多的获取用户成本远低于传统电商平台。将社交属性融入购买行为的规则，加之游戏化的设置，使得拼多多迅速引爆了朋友圈和微信群。"社交电商"模式刺激了用户需求并将相似需求聚集起来，基于这一点，拼多多平台实现了颠覆式创新。

资料来源：根据公开资料整理。

对希望进入已有市场的平台来说，先入者筑起的网络效应壁垒是影响新创平台激发网络效应的最大障碍。在此情况下，通过提升社交属性来获取用户流量可以帮助平台突破网络效应的"冷启动"门槛。依靠社交属性，平台可以将原先用户间点对点的交互平面连成一个立体网络，通过赋予用户更好的体验来对现有平台发起攻击[⊖]。

提升社交属性意味着构建一个用户参与感更强的社交场景。例如，2016年淘宝直播的推出极大地丰富了商品的展示形式。网红Papi酱在淘宝直播试运营的一次拍卖中获得了50多万人次的围观。

构建更有参与感的社交场景（见图5-3）以形成高质量的交互，正成为数字平台取胜的关键。具体而言，平台企业通过一个用户参

⊖ 陈亮，易靖韬，李卅立. 平台开拓海外市场的四种战略 [EB/OL].（2018-11-09）[2020-05-03]. https://www.hbrchina.org/2018-11-09/6946.html.

感更强、交互程度更高的网络，既巩固了平台属性，又转移了在位平台的流量，最终突破在位平台构筑的网络壁垒。

图 5-3　社交场景构建

例如，社交网络构成的"第三维度"，帮助小红书成为日本等海外市场的新锐力量，利用社交关系实现了对电商平台的重构。此外，抖音国际版 TikTok 的短视频社交，通过增加用户互动维度，抢占了由 WhatsApp、Snapchat 等纯文字或以文字作为社交基础的平台拥有的市场份额。因此，"多维"攻击的本质是平台通过设定一种更具吸引力的运营机制来激发用户的参与感，从而帮助新平台在市场竞争中脱颖而出。对平台来说，从用户角度切入市场，凭借高频的用户互动可以实现对现有竞争者的网络效应的突破。

通过业务包络急速扩张

即使一个平台已能突破"冷启动"门槛，激发网络效应，它也并不能高枕无忧，因为后来者可以提供更优质的服务或进入更加细分的市场，进而抢占平台原有市场份额，随时可能将已建立的平台击垮，尤其是数字技术随时可能进一步打破产业边界，使得平台的跨界成本越来越低。事实上，在资讯、生活服务、零售、社交、支付等各个领域，平台巨头们早已"抬头不见低头见"㊀。通过跨界，企业完全可以突破产业边界，在位平台也随时面临着衰落的风险。

以往，传统企业通过构建不可模仿的资源和资产来创造价值，但对平台来说，主要资产和价值创造来源是它掌握的资源、信息以及进行互动的内部参与者。因此，平台要在建立核心定位的基础上，为用户提供全方位的服务以巩固平台的网络效应。

例如，阿里巴巴围绕电商提供了越来越丰富的服务，利用平台底层的庞大数据网络，提供更多的便捷工具以保证电商平台的高效、可靠运行，另外触达更多场景，提高用户转移成本。为了维持竞争优势，在位平台要么通过提高平台用户转换成本进一步实现用户锁定，要么发挥已有用户基础优势抢占空白市场。

所谓平台业务包络是指平台利用多边用户共生依赖关系和互补创新，以及通过示范性客户来不断进入新业务，增加用户黏性，实现平台的扩张㊁。示范性客户（marquee customers）是指用户群体中那些有较高影响力同时又对新生事物有较高开放性的客户。已有的庞大的用户数量和精准的用户数据，使得平台能够以低成本不断推出新服务并进入新行业。

㊀ 陈春花. 打造数字战略的认知框架 [J]. 领导决策信息，2019(5): 22-23.
㊁ Helfat C E, Raubitschek R S. Dynamic and integrative capabilities for profiting from innovation in digital platform-based ecosystems[J]. Research Policy, 2018, 47(8): 1391-1399.

对一些工具类平台（如滴滴）来说，这一思路更为重要。工具类平台的同质化程度较高，以往的商业模式主要是利用广告来实现流量变现。但是由于它们的使用场景单一，而且容易被竞争对手复制或替代，因而这些工具类平台的盈利空间十分有限。

例如，2013年，久邦数码旗下免费版的"GO桌面"和付费版的"Next桌面"共同占据了Google Play上手机桌面应用64.2%的市场份额⊖，久邦数码由此成功登陆纳斯达克，成为最早在美国上市的中国移动互联网公司之一。但是由于长期功能单一、"有流量、没用户"，久邦数码最终被迫在2015年黯然退市。

事实上，这些工具类平台往往坐拥巨大的流量池，具有向其他产品类型探索的天然便利条件。对这些平台来说，从底层技术来迂回创新，不失为一个精明的策略（详见创新聚焦5-4）。在工具的基础上衍生出社交、游戏等一系列业务单元，"另起炉灶"来构建网络效应，通过业务包络，将工具性产品获得的用户以极低的成本导入旗下拥有的高黏性业务中，从而更有效地进行流量变现。在此基础上，通过活跃的用户交互创造大量数据来长期保持高盈利水平，同时为用户带来价值，提高用户的转换成本，以保持高度的用户黏性。

⊖ Mono. 久邦数码转型：请叫我"GO桌面"！[EB/OL]. (2013-11-19)[2020-06-03]. https://xueqiu.com/4136177129/26028641.

创新聚焦 5-4

猎豹移动的包抄模式

猎豹移动就是一个利用工具产品来实现迂回创新的例子。2012年,猎豹移动集中研发了 Clean Master(猎豹清理大师),用两年时间实现了日活过亿的用户量。之后猎豹依托 Clean Master 开发工具矩阵,进而月度活跃用户超过 6 亿,实现了从 PC 安全软件到移动工具软件开发商的跨越。凭借猎豹清理大师、猎豹安全大师等基础工具产品,猎豹在工具类市场中存活了下来。然而,好景不长,随着移动互联网时代的到来,社交娱乐成为竞争的主战场,昔日如日中天、装机必备的手机杀毒软件几乎在一夜之间完全消失,纯粹的系统工具产品也越来越萎靡不振。在移动互联网的主赛道上,似乎已经没有清理、杀毒、电池医生这些产品的一席之地。曾经依靠免费、解决用户刚需的工具类产品来低成本获取用户的玩法已经失灵。

在拥有海量用户基础与流量后,猎豹全面转型社交平台,利用示范性客户实现平台跨界发展。此时,猎豹已然将用户转移到人工智能输入法 Panda Keyboard、照片处理软件 PhotoGrid、猎豹轻游戏及个性化桌面 CM Launcher 上来。通过建立海外直播平台 Live.me,加强轻游戏投入,在工具方面全力做个性化、生活化工具,以保证移动互联网业务的增长;而在移动互联网行业之外,猎豹选择了押注 AI,为移动互联网之后的产业互联网打好根基。现在的猎豹已然通过不断拓展业务版图、细化用户需求构建了一整套包括直播平台、手机游戏、AI 技术产业链等非工具类的组织系统(见图 5-4)。

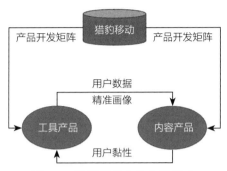

图 5-4　猎豹移动业务包络模式

资料来源：根据公开资料整理。

由此可见，在坚实的底层托举下，平台甚至无须进行革命性创新，只须依靠成熟的平台业务"借力打力"，就能以最低成本获取用户群。进一步，当产品矩阵建成后，平台就能通过满足用户的细分需求占据更大的市场份额。这种业务包络带来的滚雪球效应可以使平台网络效应不断强化，以此维持平台的竞争优势。

同时，平台需要仔细考虑业务包络的范围。如果平台覆盖了原有合作伙伴的产品领域，一方面它可能会获得更大的经济价值以及更高的用户黏性；另一方面，由于平台的生存依赖于整个生态系统的健康程度，平台的发展依赖于建立尽可能广泛的合作伙伴关系，而平台的业务包络如果覆盖了合作伙伴的业务领域，那么会对整个生态系统造成"挤压"（见图 5-5）。当一个试图进入合作伙伴领域的平台被认为有意从合作伙伴的创新中挪用价值时，现有的合作伙伴可能会转向其他平台，潜在的合作伙伴可能会进入对手平台[⊖]。

⊖　Zhu F, Liu Q. Competing with complementors: An empirical look at Amazon.com[J]. Strategic Management Journal, 2018, 39(10) : 2618-2642.

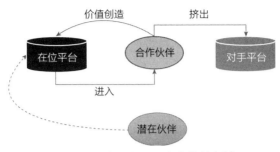

图 5-5　平台业务进入合作伙伴领域

建立平台组织支撑发展

数字平台的生存能力取决于它的持续创新能力，在位平台领导者必须不断审视环境，以发现竞争性创新的威胁，并对核心产品或服务进行调整，在位平台需要通过提高平台内部组织架构的灵活性来实现创新。

平台核心产品或服务往往是连续的，灵活、高效的组织架构有利于开发者从以往产品经验中学到知识，以对平台业务进行高效的调整，这一过程被称为产品排序。这种产品排序不仅包括对以前产品的迭代升级，还包括变革性创新，开发具备"代际过渡"性质的新一代核心产品[⊖]。灵活的组织架构、快速的迭代创新模式，能够帮助平台通过快速、低成本的试错过程，获得有效且真实的用户需求信息反馈，有利于平台制定有针对性的问题解决方案，以消除潜在威胁，实

⊖ Helfat C E, Raubitschek R S. Dynamic and integrative capabilities for profiting from innovation in digital platform-based ecosystems[J]. Research Policy, 2018, 47(8): 1391-1399.

现平台创新发展（详见创新聚焦 5-5）。

创新聚焦 5-5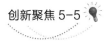

韩都衣舍的产品小组制

韩都衣舍凭借独特的裂变式产品小组制和柔性供应链管理构建了强大的竞争优势，每年它的产品开发量达 30 000 款，超过了 Zara 每年 22 000 款的历史开发记录。

最初，韩都衣舍以韩国服装代购起家，作为普通卖家进驻淘宝经营店铺。由于创始团队缺乏具有服装设计理念的人力资源，因此提出了"买手制"经营模式，即通过买手来每天跟踪诸多韩国品牌的产品动态，从中选出他们认为款式不错的产品，然后进行样衣采购、试销，基于试销情况获得用户的真实需求反馈后与加工厂联系进行量产。而随着用户数据的不断积累和沉淀，韩都衣舍进一步独创了"以产品小组为核心的单品全程运营体系"（integrated operating system for single product，IOSSP），该体系采用"多款式、小批量、多批次"的管理模式。韩都衣舍这种去中心化的自主经营体系极大提高了它的运营效率。

韩都衣舍的裂变式产品小组制集研发、采购、销售三种角色于一体，每个拥有财务有限支配权以及服装产品决策权的小组都独立经营、独立核算。韩都衣舍的产品小组高度自治，高管很少干涉小组决策。通过权、责、利的统一，产品小组可以依据市场需求，进行品牌创意与产品设计，并对消费者需求进行数据分析。基于海量消费者数据，韩都衣舍利用产品规划算法，在每次平台活动前 1 个月对产品销量进行精准预测，为短期产品规划提供了重要技术支撑，在新产品上架 15 天后，就可根据用户数据将产品划分为"爆、旺、平、滞"四类,即时对产品销售数据进行监测。最终通过内部自然孵化和外部收购的方式,打造"全品类+多风格"的多品牌发展态势。

  资料来源:朱晓红,陈寒松,张腾.知识经济背景下平台型企业构建过程中的迭代创新模式——基于动态能力视角的双案例研究[J].管理世界,2019(03):142-156+207-208.

第 6 章

赋能互补者

数字平台是在数字技术的支持下应运而生的、为应对新的商业需求和环境所诞生的新型价值创造组织形式。无论是工作中经常用到的Windows 操作系统、谷歌浏览器等，还是生活中离不开的淘宝、微博、微信、支付宝、滴滴等，数字平台已经深刻嵌入我们日常工作与生活的方方面面。

事实上，我们最熟悉的这些企业都是数字平台中的核心企业。随着平台功能日益复杂，数字平台的核心企业已不再是平台创新的"唯一参与者"，那些活跃在平台上的互补者也成了推动数字平台创新的关键。一方面，平台所有者通过"赋能"的方式，推动平台参与者在平台技术架构之上进行互补产品及服务的开发与推广；另一方面，平台所有者通过"竞争"的方式进入互补产品市场，倒逼互补者进行更好的创新。

本章将数字平台简化为交易型平台和创新型平台（见表6-1），并分别探讨这两类平台上的互补者如何进行数字创新。需要简单说明的是，第4章对数字平台进行了更为细致的分类（见表4-1及表4-2），本章只简要将数字平台划分为交易型和创新型两大类以更清晰地展现平台中互补者的数字创新过程。

表6-1 数字平台的两种类型及实例

类型	交易型平台	创新型平台
举例	Airbnb、淘宝、微信、微博、Facebook、百合网、百度、京东、Instagram、拼多多、敦煌网、陆金所、闲鱼、领英等	苹果iOS平台、Windows操作系统、谷歌的安卓系统、Amazon Web Services、SAP、任天堂、索尼的Playstation、mijia、海尔U+、美的智慧家居平台等

- 交易型平台。这类平台通过搭建市场中介，促进不同类型的个体或组织在数字平台上进行产品/服务交易或共享。常见的例子包括Airbnb、淘宝、拼多多等。平台互补者多指在交易型平台上提供产品或服务的群体，也就是我们经常说的产品/服务提供者或卖家。
- 创新型平台。这类平台通过搭建基础的技术模块，帮助大量创新者开发互补性产品或服务。互补创新者可以不受地理位置和身份的限制，可以是任何地方的任何人，他们共同组成了以平台为核心的创新生态系统。最典型的创新型平台就是包含成千上万种应用程序的苹果iOS系统，系统上的这些程序由全世界不同地区的创新者所开发，他们遵循苹果公司的技术要求，包括API（application programming interface）

和SDK（software developer kit），进行迭代创新。微软的Windows操作系统、谷歌的安卓系统、亚马逊的云计算服务平台等都可以归类为创新型平台。

交易型平台赋能商家的策略

交易型平台多为双边市场，核心企业通过创建数字化的中介场所，直接联结交易群体，促进买卖双方交易的达成（见图6-1）。平台上的交易内容可以是实体产品，也可以是虚拟产品或服务。例如，淘宝网联结了卖家和买家，他们可以在平台上进行商品交易；Airbnb联结了房主和租客，他们可以在平台上进行住宿服务的交易。

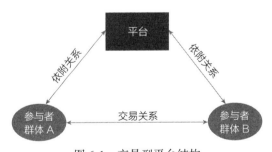

图6-1　交易型平台结构

交易型平台能给消费端带来的吸引力和使用价值，与供给端提供的产品和服务有很大的关系，也就是我们常说的卖家提供的产品和服务。在市场趋向于同质化竞争的前提下，卖家提供的产品和服务越丰富、越新颖，买家就越愿意在该平台上交易。那么，对平台互补者（即卖家）来说，什么样的平台是吸引他们入驻并愿意在上面持续创新的呢？

事实上，交易型平台在扮演"联结者"角色的同时，还需要扮演"赋能者"角色，通过构建完善的基础设施，帮助商家更好地进行产品创新和服务创新，持续不断地为消费者提供独特的使用价值，以此打造出优秀的交易型平台。下面以阿里巴巴的电商平台为例，看一看它是如何通过搭建一系列电商基础设施，"赋能"商家更好地进行创新的（见图 6-2）。

图 6-2　交易型平台赋能商家的三大策略

策略一：完善服务链条，赋能商业模式创新

该策略的重点在于引入独立软件开发商（independent software vendors, ISV）以完善交易服务链条，推动商业模式创新。交易型平台为商家提供成长土壤的一种很重要的方式，就是通过引入各种服务商，将仅包含交易关系的双边平台逐步转变为蕴含多种复杂关系的多边平台，甚至是商业生态系统（见图 6-3）。

交易型平台引入的服务商，可以是专业组织，也可以是一些个体组织，它们基于平台的交易功能，为商家提供额外的支撑服务和衍生服务，完善交易型平台的基础设施，并整合供应链，从而帮助商家在交易型平台上更方便高效地交易。这里以电商平台为例，列举了相关的服务类型（见表6-2）。

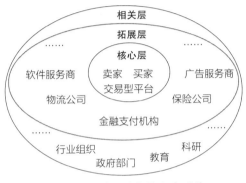

图6-3 交易型平台的生态系统

表6-2 电商平台的服务类型

服务类型	详细维度	主要功能
营销服务	商品数字化	将产品信息（如产品性能、技术参数等）转化成结构化数据，以数字化方式在线上呈现
	代运营	提供电商平台的运营服务、处理交易中的各项任务，并最终完成订单
	品牌推广	提供线上品牌推广工具，构建品牌评估体系
	渠道数字化	帮助企业构建数字化经销商体系，收集终端用户数据及反馈
金融服务	企业征信	搭建企业诚信体系，结合企业的基本信息与交易数据，完善对企业的长期商业信用评价
	融资	提供预付账款贷款、存货质押贷款、应收账款质押等经营类金融服务，有效盘活供应方及采购方营运资金的占用
	支付	提供大额支付、分期支付等支付解决方案

(续)

服务类型	详细维度	主要功能
交付/售后服务	物流	提供包括包装、运输、仓储环节的物流服务，并针对危险化学品等提供特种运输服务
	培训/安装	提供产品的安装、调试、技术指导与培训等服务，确保产品正常使用
	售后服务	提供专业、及时的维修服务，降低产品故障或质量问题对生产或生活造成的影响
数字化赋能	系统对接	协助企业对接电商平台，打通企业内部及经销商系统，连接上下游企业，实现全链路数字化
	云服务	通过云服务基础设施，提供数据库、储存、信息安全等服务
	数据分析	提供大数据分析服务，基于企业数据和市场数据，结合AI算法，输出有价值的分析结论

淘宝平台就是一个极为典型的引入服务商助力商家发展的例子，整个演化过程呈现出三个典型阶段。

- 2003年，淘宝网刚成立，当时熟悉如何在线上开店的商家少之又少，所以出现了很多为商家提供专业技术服务（如咨询服务、安全服务）的第三方服务商。

- 2009年，阿里巴巴实行"大淘宝"战略，平台上开始出现商家的个性化服务需求，如金融服务、营销服务、物流仓储服务，因此，淘宝网又逐渐引入了与此相关的第三方服务商进驻平台。

- 2011年，淘宝网实行"淘拍档"计划，出现了更加细化和多元化的服务需求，例如数字化赋能服务，第三方服务商的种类和数量呈现爆发式增长。当时的商家们对电商服务的需求呈现出多元化趋势，不仅包括帮助商家营销推广、店铺日常运营、客户关系管理、订单处理等日常管理需求，还包括财务管理、人员培训、质量检测与认证等专业管理需求（见图6-4）。截至 2011 年年底，淘宝网的第三方服务商数量同比 2010 年增长了 11 倍，且保持日均新增 200 家服务商的成长速度。2012 年，中国电子商务服务业营收规模达到 2463 亿，同比增长 72%。[1]

可以看到，随着平台服务商的引入，以往只存在着买卖关系的交易型平台，逐渐发展为包含多种参与群体的生态系统，系统内部存在着共栖、互利、寄生、竞争等多种生态关系，有助于商家实现多种形式的运营创新。以互利关系为例，近些年非常流行在交易型平台上建立异业联盟[2]，其原因就是消费者很可能不只是有某一方面的需求，而是有很多方面的需求，这就为企业实施异业联盟策略提供了一个很好的机会。不同企业通过联盟为消费者提供具有竞争力的产品组合，不仅可以扩大企业的市场份额，提高产品知名度，还能增加用户黏性，甚至可能创造异业联盟的品牌。

2018 年以后，淘宝网的电商服务体系已经进入成熟期，淘宝网上已有营销推广、运营服务、数据服务、品控质检等多种类型的服务商，如淘宝客、淘女郎、网店装修、代运营、软件服务、海外转运、商品摄影等。这些服务商提供专业的服务，使已经开店的商家不再受限于自己的能力短板，能够更加专业地进行运营，也能为新商家打开一扇做生意的门，让他们更容易、更便捷地在阿里电商平台上把生意做起来。

---

[1] 资料来源：阿里巴巴集团研究中心发布的 2011 年、2012 年中国电子商务服务业报告。
[2] 异业联盟是指不同行业但有相似客户群的商家共同发起的联盟活动。

116　第二篇　数字创新组织

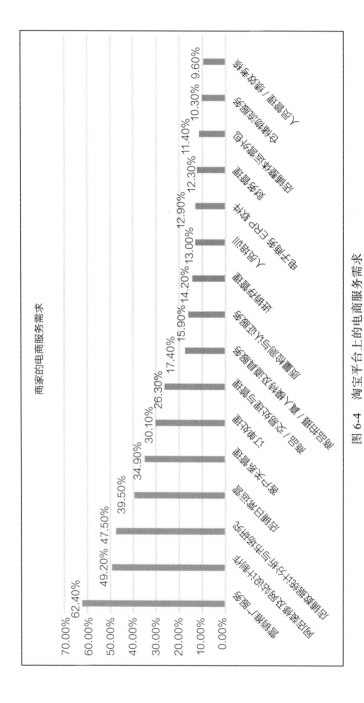

图 6-4　淘宝平台上的电商服务需求

资料来源：淘宝 2012 年用户体验设计（UED）调研报告。

策略二：完善数字功能，赋能运营模式创新

该策略的重点在于完善平台的数字功能：基于 IT 技术的可配置功能，进一步助力商家进行运营模式创新。以阿里巴巴为例，它为旗下各电商平台卖家开发了各种各样的数字化运营功能，包括促销管理、客户服务、商品管理等（见表 6-3）。这些数字功能的开发与提供，可以帮助商家实现定制化运营，而运营模式的新颖程度又会对店铺的生意产生影响。

表 6-3 阿里巴巴平台上的卖家服务

卖家服务类型	具体维度
开店装修	旺铺服务、店铺装修、详细模板
无线 /O2O	千牛插件、店铺互动、百川无线、安装服务、小铺、无线装修
商品服务	商品展示（摄影服务、视频工具）、商品设计（详情设计、定制设计）、商品管理（商品基础、商品优化）
运营管理	流量推广（站内推广、直通车）、促销管理（促销工具、推广海报）、数据管理（流量分析、店铺分析）、订单管理（订单处理、进销存）、客户管理（会员营销、会员管理）
后台管家	人才外包（客服外包、售后关怀）、咨询培训（商家咨询、招聘培训）、商家后台（企业 ERP、仓储物流）、客户服务（客服绩效、客服工具）
其他服务	租赁服务（产业园租赁、打印机）、运营服务（代运营、金融支付）

例如，淘宝大数据已经证明，卖家可以自由选择、组合、调整平台提供的四种功能来提升销售：价格方面的功能，如限时折扣；市场方面的功能，如奢侈品店铺的入口设计；产品呈现方面的功能，如产品细节放大功能；客户服务方面的功能，如七天无理由退换功能。[⊖]卖家通过使用大量的、多样化的、复杂的 IT 功能来拉升店铺的销售额。

⊖ Li H, Fang Y, Lim K H, Wang Y. Platform-based function repertoire, reputation, and sales performance of e-marketplace sellers [J]. MIS Quarterly, 2019,43(1): 207-236.

这些复杂的 IT 功能在激烈的市场竞争中为企业带来信号作用，企业可以通过创新功能组合，引起消费者的格外关注。对交易型平台的商家来说，巧妙地使用平台提供的数字功能是十分重要的，它可以有效地实现运营模式创新，提高销售绩效。

策略三：打造大数据池，赋能产品创新

这一策略的重点是打造"大数据池"，通过数据产品助力商家进行供应链创新和产品/服务创新。交易型平台将搜集到的各类数据整合后打造"大数据池"，通过数据挖掘生成服务于商家的数据产品，为商家提供精确的市场预测，助力商家实现研发、生产及销售满足消费者偏好的产品。

2010 年，淘宝的"数据魔方"上线，正式对外开放数据服务，该产品利用淘宝交易数据帮助卖家分析店铺转化率、行业热词频率、热销宝贝等指标和信息。目前，淘宝平台已基于数据分析形成了数据魔方、淘宝指数、Tanx（广告资源竞价交换系统）等产品级应用（见表 6-4），卖家可以利用这些数据产品指导生产、备货、销售、售后等。

表 6-4　淘宝网上可供商家使用的数据产品

产品名称	主要功能	推出时间（年）
数据魔方	为卖家提供商铺的流量、转化率以及行业的热销产品、热销店铺、买家购买行为分析	2010
Tanx 平台	整合淘内淘外广告资源，实时竞价，并通过买家访问浏览习惯实现卖家的精准营销	2011
淘宝指数	淘宝官方免费数据分享平台，用来查询淘宝搜索热点、查询成交走势、定位消费人群等	2011

（续）

产品名称	主要功能	推出时间（年）
无量神针	将淘宝交易流程各个环节的数据整合互联，之后基于商业理解对信息进行分类储存和分析加工，利用"无量神针"，淘宝的管理者可以辨别出萌芽状态的可疑行为，减少淘宝的客服量，从而提高淘宝的服务质量	2011
黄金策	将 700 多项变量进行叠加，就特定人群和特定应用场景行为快速形成推导查询	2011
聚石塔	为 ISV 和卖家提供了弹性托管服务（云主机）、数据存储服务、数据同步服务、数据集成服务；天猫 2014 年要求新接入商家全部接入聚石塔	2012

数字功能在赋能运营模式创新的同时，也为企业提供新的变革机会；甚至深层次的大数据分析可以倒逼产能配置，通过数据驱动实现即时定制，进而推动产品创新。除了产品创新外，大数据还可以帮助商家优化供应链，实现供应链创新。数字经济时代，交易平台上的商家们需要根据消费者多样化、个性化、小众化的需求进行柔性生产、定制生产、创新运营、创新销售等，这一切的创新行为都需要借助完善的平台基础设施来完成。

业内人士曾说，阿里巴巴更倾向于做整个电子商务的水电煤的基础设施提供者。无论是平台服务商的加入，还是平台自身数字化功能的完善，都能为交易型平台上的商家们提供很好的成长环境和创新土壤，赋能他们在数字经济中更好地服务消费者。

此外，在交易型平台上，平台企业和平台互补者之间除了有价值共创关系，还存在着竞争关系，而这种关系在某种程度上也会刺激互补者的创新行为。哈佛大学朱峰等人[1]发现，像亚马逊这样具有垄

---

[1] Zhu F, Liu Q. Competing with complementors: An empirical look at Amazon.com [J]. Strategic Management Journal, 2018, 39(10): 2618-2642.

断性市场影响力的电商平台，会在某一发展阶段进入某些品类开展自营。在决定进入什么品类与互补者竞争时，平台企业通常需要考虑这类商品自身特点的影响。比如，对于那些在电商平台上比较畅销的品类，或是不能给消费者带来较高满意度的品类，平台企业更有可能选择自营。

而当平台企业进入第三方商家所在的行业时，这种竞争关系就出现了，很多商家都会选择改变自己的产品策略，避免和平台企业进行正面竞争。这些商家可以实践的产品策略包括：一是商家改变目前经营的产品品类，换到另一些需要特定资产的产品品类中，避免平台企业再次进入，再次竞争；二是增强自己的创新能力，进行新产品的研发，通过持续地为平台带来新产品来降低与平台企业的正面竞争程度。

创新型平台的"赋能"与"竞争"

创新型平台，也被称为技术平台，这一类平台就像是创新引擎，为生产者提供核心技术架构，确保在此架构之上来创造新的产品、拓展平台的核心功能并延伸到终端用户，为用户提供更具有价值的产品和服务。例如：

- 各大公司都非常熟悉的 SAP 公司的 NetWeaver 集成平台，让用户在它的核心技术架构上开发商业解决方案，并把用户公司的其他系统技术和它进行整合。

- 苹果公司推出的 iOS 平台使开发者可以在它提供的 API 和 SDK 的基础上不断推动创新应用程序的开发，同时还扩展了移动设备（如 iPhone、iPad、iPod、iWatch 等）的生产力和娱乐功能。
- 健身爱好者们或球鞋迷们都熟悉的 Nike+ 平台，通过授权外部开发者使用 Nike 的用户数据和专有技术构建出不同的数字产品与服务，并将这些产品与 Nike 的产品、用户连接起来。通过授权，用户就可以把佳明（Garmin）智能手表、TomTom 地图、iPod 音乐和 Netpulse 连接到 Nike+ 平台，享受更加丰富的体验和服务。
- 我国海尔公司开发的 U+ 智慧生活平台，包括基于 U+ 协议的互联模块、基于 U+ 协议的智慧控制中心 SDK 和基于 U+ 协议的智慧生活云平台，通过开放的接口协议，将不同品类的家电设备和服务内容接入到平台中，扩展了平台的核心功能。

由此可见，创新型平台和交易型平台最大的差异就是平台的主要价值来自平台自身的计算能力和数据处理功能。

上述这些平台都是创新和实现资产互补的新型组织形式[1]，一方面，平台作为创新业务核心的技术基础，对创新任务和劳动分工的模

---

[1] Cennamo C, Santaló J. Generativity tension and value creation in platform ecosystems[J]. Organization Science, 2019, 1-25.
Gawer A, Henderson R. Platform owner entry and innovation in complementary markets: Evidence from Intel[J]. Journal of Economics & Management Strategy, 2007, 16(1), 1-34.
Jacobides M G, Cennamo C, Gawer A. Towards a theory of ecosystems[J]. Strategic Management Journal. 2018, 39: 2255-2276.

块化以及技术的标准化进行设计，以推动整个创新链条上专业化公司的产生[1]；另一方面，平台利用许多外部参与者的创新能力，催生了大量潜在的互补创新。

平台企业通常扮演"赋能"的角色，它和互补者之间功能定位明确、边界清晰。这些创新型平台企业专门负责一些创新的基础架构设计，以确保互补品和产品系统能够实现事前的整合，而一些外部互补企业，负责提供一些利基产品[2]的试验，扩展平台的功能以提高平台对用户的吸引力。

这类平台通过连接不同的互补品（如 iPhone 和不同的应用程序）来促进互补品之间的交互，更加全面地为用户提供完整的解决方案。例如，你可以同时在一个 iPhone 手机上下载微信、钉钉、微博、淘宝、支付宝、王者荣耀等各种类型的应用程序来满足日常的生活、工作和娱乐需求。

除了"赋能"互补者外，平台企业也开始参与到互补品市场中，与互补者展开"竞争"，不断包络和扩张边界。比如微软公司，最初只提供操作系统，随后把边界扩展到 Office、Outlook、Explore 等重要的互补品上，它的做法就是不断将这些功能整合到操作系统中，以最大限度地满足用户需求。

接下来，我们将主要从平台与互补者的两种关系（平台赋能互补

---

[1] Baldwin C, Woodard C J. The architecture of platforms: A unified view, in Gawer A, ed. Platforms, markets and innovation[M]. Cheltenham: Edward Elgar Publishing, 2009.

[2] 利基产品是指该产品表现出来的许多独特利益有别于其他产品，同时也能得到消费者的认同。每一种产品被消费者接受都有它的利益所在，利益表现是多方面的。

者、平台与互补者竞争）来举例说明创新型平台中互补者的创新是如何产生的。

创新型平台赋能互补者

这一类情况下，创新型平台只做平台，不做互补品，与互补者边界清晰。平台技术架构开放给所有的互补品生产商，赋能互补品生产商在平台上开发和创新。

小米 IoT 开发者平台是一个典型的赋能互补者的例子。通过开放平台，赋能平台之上的硬件制造企业快速、低成本地实现产品的智能化和创新，在平台上开发的产品可以获得"works with mijia"和"支持小爱同学控制"的认证，实现与平台上接入的其他企业产品的智能联动。

海尔的 U+ 开放平台也有类似的做法。通过开源开放，向行业开发者、AI 提供商、大数据服务商、合作伙伴等互补者提供开放模块，搭建行业引领的人工智能开放平台，使硬件商通过 U+ 平台的接入可以快速升级为网络硬件，服务商通过接口可以直接投放内容、服务，同时软件商还可以直接操作平台上的设备和服务以敏捷地开发适合用户需求的软件和服务。此外，U+ 平台还通过云平台的数据共享来赋能这些平台互补者，让他们更好地联动、共享和创新（见图 6-5）。

综上，创新型平台通常会通过构建标准化、模块化的产品和服务，来帮助互补者更快更好地获取用户需求信息、创新地开发符合用户需求的产品和服务。

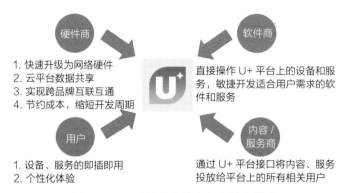

图 6-5　U+ 开放平台的参与者共建模式

资料来源：陈海林. U+ 开放平台生态圈的构建及交互平台的落地 [EB/OL].（2015-06-01）[2020-03-01]. http://www.pieeco.com/pdf/20150601_haier.pdf.

创新型平台与互补者竞争

创新型平台在赋能平台上的互补者的同时，也会根据它对行业发展趋势的判断，分析自身能力和互补品提供者的能力，以决定自己的业务范围。是否进入互补品市场，以及何时进入或退出就是平台所关注的两个重要问题。

除了一些专注于做平台，不参与互补品竞争的数字平台之外，也有一些平台不仅做平台、提供底层架构，还做互补品，与平台上的互补者展开竞争。比如，苹果公司把手电筒的应用直接做成一个小功能集成在 iOS 系统中；又如，苹果公司推出了苹果地图服务，以与它原先的互补品谷歌地图展开竞争。

平台企业进入互补品市场被认为是平台企业治理互补者网络的重

要手段之一，①在学界和业界都得到了很多关注。有观点认为平台企业的介入，会减少互补者收益，降低互补者的创新动力，那就与最初建立平台时从互补创新中获利这一动机背道而驰。②例如 Netscape（网景浏览器）就在微软推出 IE 浏览器后被彻底打败了；Meerkat 作为一款视频直播应用，本来通过与 Twitter 账户关联，让 Twitter 用户向其粉丝直播视频，然而在 Twitter 收购了 Periscope 并切断了 Meerkat 对 Twitter 社交网络的访问之后，Meerkat 也慢慢退出了市场。

也有观点认为，平台企业与互补者的竞争也能在一定程度上促进互补者创新，因为这种竞争会触发"竞赛效应"。平台企业通过这种手段，让互补者们更加直接地感受到竞争压力，迫使他们去创新，而不是落后于人。③此外，平台企业的进入，还可以通过触发"注意力溢出"机制，让更多用户关注到平台已经进入的某个细分市场，通过更多地吸引用户注意力来促进互补者的创新，以更好地提供新的互补产品来满足用户的新需求。④因此，互补者们会通过加大创新来对平台企业进入市场展开反击。

---

① Boudreau K J, Hagiu A. Platform rules: Multi-sided platforms as regulators, in Gawer A,ed. Platforms, markets and innovation [M].Cheltenham: Edward Elgar Publishing, 2009.
Tiwana A. Evolutionary competition in platform ecosystems[J]. Information Systems Research, 2015, 26(2): 266-281.
Wareham J, Fox P B, Cano Giner J L. Technology ecosystem governance[J]. Organization Science, 2014, 25(4): 1195-1215.

② Gawer A, Henderson R. Platform owner entry and innovation in complementary markets: Evidence from Intel[J]. Journal of Economics & Management Strategy, 2007, 16(1): 1-34.

③ Barnett W P, Pontikes E G. The red queen, success bias, and organizational inertia [J]. Management Science, 2008, 54(7): 1237-1251.

④ Li Z, Agarwal A. Platform integration and demand spillovers in complementary markets: Evidence from Facebook's integration of Instagram [J]. Management Science, 2017, 63(10): 3438-3458.

例如，谷歌平台战略的核心是开放谷歌的产品、工具及后台（云计算）给互补品开发者，促使开发者培育出更多的互联网应用，进而产生更多的搜索需求，形成良性循环。

2015 年，谷歌在安卓应用平台 Google Play 上推出了一款谷歌相册软件，开始进入相册和照相类别的应用软件开发市场。谷歌借助 AI 技术打造了一个全能型的整理、编辑和共享的相册软件，它可以通过机器学习和人工智能技术来自动识别地点、人物并进行自动分类。这款软件上线之后立马引起了轰动，仅仅 5 个月就达到了 1 亿用户月活量。

有研究发现，尽管一开始谷歌相册的推出给互补品开发者一个措手不及的打击，但事实上，谷歌应用平台上的互补者创新也相应被促进，据估计，互补品开发者在谷歌相册推出后对自己产品进行重大更新的可能性出现了 9.6% 的增长趋势。[1]可见，在谷歌相册的"刺激"下，相似产品的开发者加快了创新的脚步以更好应对谷歌的竞争。

然而，这种竞争机制并不总能有效触发互补者的创新动力。若平台企业在进入互补品市场时借助其平台领导者的权力破坏了公平竞争的环境，则会给平台生态带来巨大的破坏效应。

综上发现，创新型平台在促进和推动互补创新时，主要从两方面发挥作用。一方面，平台作为赋能者，通过为互补者开放更多的技术架构和接口，允许互补者们在平台上更多地交互和联动，进而通过信息和数据资源共享及开放社区生态优化，推动互补者创新。另一方

---

[1] Foerderer J, Kude T, Mithas S, Heinzl A. Does platform owner's entry crowd out innovation? Evidence from Google photos[J]. Information Systems Research, 2018, 29(2): 444-460.

面，平台企业通过直接介入互补品市场，触发竞赛效应和注意力溢出机制，推动互补者更多地投入创新。然而，这种进入互补品市场的内部化策略需要有一定的边界和节制，平台企业在进入时还是要尽量保证专注于核心技术，同时要确保公平的竞争环境，留给互补者充足的价值空间。否则，不仅不能更好地触发互补者不断创新来与平台展开竞争，反而会使平台生态陷入僵局。

至此，本章对交易型平台和创新型平台如何赋能互补者，如何与互补者竞争进行了详述（见表6-5）。再次强调，要从生态系统角度来看平台与互补者之间的关系，本书第三篇将会更为详细地阐述生态系统视角下的数字创新。

表 6-5　平台与互补者的竞争与合作

平台类型	案例	赋能平台互补者	与互补者竞争
交易型平台	airbnb ebay 淘宝网 amazon JD京东 UBER	电商平台通过两种途径来完善基础设施，对商家进行赋能 ● 一是引入大量服务商（ISV），为商家提供一站式服务 ● 二是完善平台的数字化功能，通过数据融合为商家提供数据产品和服务 两种方式都能为商家提供很好的成长环境和创新土壤，帮助它们在数字经济时代更好地服务消费者	当电商平台在某些品类开展自营，与商家进行竞争时，很多商家会选择改变自己的产品策略，避免和平台进行正面竞争 ● 一方面，商家通过改变产品策略来实现新的价值创造 ● 另一方面，商家通过较强的创新能力来进行产品研发，持续地为平台带来新产品
创新型平台	iOS Google SAP facebook	平台所有者通过提供模块化、标准化的产品和服务，开放平台接口、共享代码、专利许可授权等形式对互补者进行赋能，帮助他们更好更快地创新	平台所有者通过加入互补品市场与互补者展开竞争，利用竞赛效应倒逼互补者进行创新、利用注意力溢出机制来吸引用户注意力并催生新需求，从而促进互补者展开竞争

DIGITAL
INNOVATION

第 7 章

用户引领数字创新

《终结将至》(*The End is Nigh*)是一款独立平台游戏,在 2019 年年底一度十分火爆。游戏开发商 Tyler Glaiel 在 Twitter 上宣布,自从 Steam 版《终结将至》加入创意工坊以来,这款游戏的全价购买量就增加了近 1000%^㊀。不少游戏开发商和资深玩家都认为,Steam 创意工坊的开放及相关的生态形成,给游戏玩家创造了巨大的自由创作空间,成为游戏产品创新的新摇篮。比如,深受玩家喜爱的《刀塔 2》(*Dota*2)以及最近刚上线的《骑马与砍杀》(*Mount & Blade*)系列,都是通过创意工坊延续了游戏的生命力及热度。

那么,Steam 创意工坊到底是什么?它又为游戏开发商和玩

㊀ 刘涛.《终结将至》加入 Steam 创意工坊后全价销售额增长了 1000% [EB/OL]. https://www.donews.com/news/detail/3/3067294.html.

家带来了什么？它是如何借助玩家的力量来促进游戏产品的创新呢？

本章将视角从数字平台的互补者转向了另一端：消费者/使用者，也被称为用户。为了更清晰地说明用户是如何驱动数字创新的，我们将视线放到对平台所有者和互补者数字创新有着更为直接影响的在线用户社区上。这是因为利用社区中丰富的用户生成内容（user-generated content，UGC），平台所有者和互补者能够获取大量知识与信息、降低创新成本、提高创新速度等。

基于此，本章将首先讨论在线用户社区的概念及它为企业带来的变革与机会，在此基础上探讨在线用户社区影响企业创新活动的过程，最后进一步阐述企业开放策略的选择并揭示企业开放策略的风险（见图7-1）。

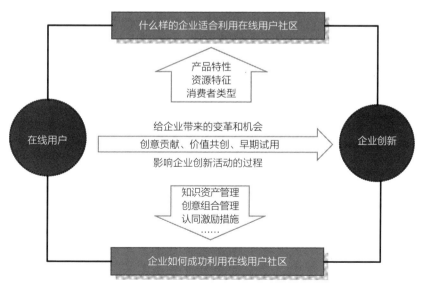

图7-1　用户端驱动的数字创新

在线用户社区的崛起

传统创新逻辑把企业视为唯一的创新主体，由企业去整合内外部资源并完成产品创新全过程，消费者仅仅是创新结果的接受者。随着消费者需求的日益多样化，企业开始由独自承担创新任务的封闭式创新向开放式创新转变。其中，用户创新模式凭借其在获取消费者需求信息、降低研发成本和提高产品接受度等方面的独特优势快速引起了学术界和企业界的关注。

2015年3月5日，国务院总理李克强在政府工作报告中提出，要顺应时代发展的变化和大众创新实践探索，制定并推动"大众创业、万众创新"的政策，激发大众的创新活力，形成"万众创新""人人创新"的新形态。[一]之后，随着国家一系列创新驱动战略的深入实施，用户创新模式在我国迅速发展。

"用户是创新者"的观点最早由美国麻省理工学院Eric von Hippel教授在20世纪70年代提出，认为用户可通过提出新的产品需求、提供问题解决方案、拓展产品设计空间以及对新产品进行扩散等方式参与企业创新活动[二]。在这里，我们提供了一个典型的用户创新流程示意图（见图7-2）。

[一] 国务院. 国务院关于大力推进大众创业万众创新若干政策措施的意见[EB/OL].（2015-06-16）[2020-05-03]. http://www.gov.cn/zhengce/content/2015-06/16/content_9855.htm.
中新网. 李克强在2014夏季达沃斯论坛开幕式发表致辞（全文）[EB/OL]. (2014-09-10)[2020-05-03].www.chinanews.com/gn/2014/09-10/6578895.shtml.

[二] Von Hippel E. The dominant role of the user in semiconductor and electronic subassembly process innovation[J]. IEEE Transactions on Engineering Management, 1977 (2): 60-71.

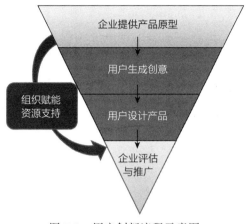

图 7-2　用户创新流程示意图

深受全球儿童喜爱的乐高积木正是意识到了用户的核心需求是通过自己的想象力去拼接美好的世界,因此它在产品转型过程中开始关注"上帝视角",推行用户体验创新⊖。用户视角的转换,让乐高成为孩子们发挥想象力和创造力的载体,更好地确立了乐高品牌的核心价值,帮助乐高完美地实现了创新突围,并于 2018 年 12 月入围世界品牌 500 强。

数字技术的普及和社交媒体的广泛应用又为大规模用户创新提供了技术支持。具有共同兴趣爱好或价值理念的用户可以通过各种平台聚集在一起,相互交流体验等信息和知识,或一起讨论产品开发和改进方案等,为企业新产品开发提供创意来源支撑。因此,各种各样的在线用户社区相继建立。戴尔的 IdeaStorm、星巴克的 My Starbucks Idea、海尔的众创意平台、小米社区以及华为的花粉俱乐部等都是企

⊖　黄亚如.见过乐高,才知道什么叫真正成功的创新 [EB/OL].(2018-08-30)
[2020-05-03]. https://www.sohu.com/a/250981511_187948.

业利用在线用户社区进行价值创造的典型例子（详见创新聚焦 7-1）。

除了通过社区获取大量的用户需求和创意信息等，企业还可以通过在社区内举办新产品评测和新产品推广等活动来提高用户的忠诚度，并提升产品知名度。因此，越来越多的企业开始将在线用户社区作为其创新战略的一部分，以期利用社区中丰富的用户生成内容，帮助企业获取大量信息和知识、降低创新成本、提高创新速度等。

创新聚焦 7-1

星巴克的 My Starbucks Idea

2008 年，星巴克经历了史上业绩最差的一年。因此，公司创始人霍华德·舒尔茨（Howard Schultz）重返星巴克，推出了 My Starbucks Idea 网站来收集用户的创新性意见，并对流程、产品及营销进行创新改造。星巴克将来源于用户的创新想法归为 Product Ideas、Experience Ideas 和 Involvement Ideas 三大类。其中，Product Ideas 是和产品直接相关的建议或想法，如新品类、新口味等；Experience Ideas 是和用户体验有关的建议或想法，如门店装潢、店内音乐风格、收银台布置方式等；Involvement Ideas 是和社区参与有关的建议或想法，如社会责任、社区互动等，体现了以用户为核心驱动力的开放创新。

My Starbucks Idea 在以下两方面帮助星巴克重建竞争优势：第一，用户通过在线社区可以实现与企业或其他用户的直接交互，此举可以提高用户黏性，培育粉丝文化。具体来说，用户通过在社区中提出自己的创意、对他人的创意进行评价、和企业运营人员互动，能够获得组织身份认同并提高对品牌的忠诚度。第二，在咖啡等餐饮服务业中，产品种类与口味在很大程度上影响着消费者的选择。My Starbucks Idea 给用户提供了创新想法自由传播与交流的渠道，帮助星巴克准确掌握消费者在产品、服务、环境等方面的诉求，从而迅速做出改变满足消费者需求。

从 2008 年设立起至 2017 年，My Starbucks Idea 已经收到 20 多万条创意，而这些创意又得到了 200 多万条的社区用户评价打分。受这些创意的启发，星巴克已累计发布了 1000 多项源于社区的创新方案，其中就包括一些深受消费者喜爱的经典品类和经典口味，如星冰乐、无糖糖浆、低热摩卡、棒棒糖蛋糕以及榛子玛奇朵等。My Starbucks Idea 打开了星巴克的内部创新闭环，又通过将用户纳入产品或流程的创新过程中，提高了用户对公司的认可度。毫不夸张地说，像 My Starbucks Idea 这种在线用户社区已然成为互联网时代用户创新的典范（见图 7-3）。

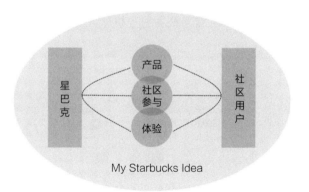

图 7-3　My Starbucks Idea 社区示意图

资料来源：根据公开资料梳理，并参考：李奕莹，戚桂杰. 企业开放式创新社区中用户生成内容的创新贡献 [J]. 中国科技论坛，2017(4):95-102.

理解在线用户社区

在线社区的概念最早由 Rheingold 于 1993 年提出，[一]是指"一群主要借助计算机进行公众讨论的人，彼此之间相互关怀而形成的社会集合体（social aggregation）"。典型的在线社区包括阿里巴巴电子商务社区、易趣电子商务社区、淘宝电子商务社区等以电子商务交易活动为主要互动目的的在线交易社区，以及 Facebook、Twitter 等以建立和维护人际关系为主要互动目的的在线社交社区。

在线用户社区则特指社区中不同类型的参与者通过频繁互动而相互连接形成的网络，[二]是由一群拥有相似目标且自愿参与的用户所建立的能对企业现有产品进行修改、设计以及创造的非正式网络社区。[三]企业官方运营人员或社区中的核心用户则通过扮演"意见领袖"的角色来引导社区参与者的互动（见图 7-4）。

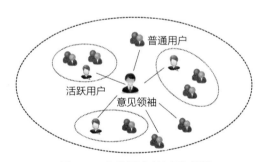

图 7-4 在线用户社区示意图

[一] Rheingold H. The virtual community: Finding commection in a computerized world[M]. Addison-Wesley Longman Publishing Co., Inc., 1993.

[二] Von Hippel E. Innovation by user communities: Learning from open-source software[J]. MIT Sloan Management Review, 2001, 42(4): 82-86.

[三] Schröder A, Hölzle K. Virtual communities for innovation: Influence factors and impact on company innovation[J]. Creativity and Innovation Management, 2010, 19(3): 257-268.

在线用户社区可以是企业发起创建的，也可以是用户发起创建的。由企业发起创建的社区往往是为了加强与用户之间的联系，监测和收集用户之间的互动信息，获取用户对产品和服务的意见，了解用户需求，寻求改进产品和服务的方向等。企业可通过自有平台发起创建在线社区，也可以选择依托第三方平台来创建在线社区。

小米社区就是小米公司专门为米粉打造的互动交流平台。在做第一款产品 MIUI 系统时，小米就采取了用户参与的创新模式，通过在社区中筛选领先用户，将具有代表性和适用性的用户建议纳入自身的产品体系。之后，小米 MIUI 团队还设计了"橙色星期五"的模式，以让更多的社区用户参与系统的开发过程中。⊖此外，小米还会把产品开发、新品推广甚至付费抢购等活动放在社区中进行，⊜通过将用户纳入内测、公测、推广以及反馈等产品生产与发布的全流程，工程师可以更全面地掌握用户需求，从而确定未来改进方向，不断地优化产品功能和用户体验，并在创新过程中重点突出终端用户的需求。⊜

华为花粉俱乐部是企业利用在线用户社区进行创新的另一个例子。花粉俱乐部是华为旗下唯一的粉丝交流互动平台，通过组织开展丰富的线上活动和线下面对面互动交流，提升和延伸华为产品的用户体验，该平台已经成为华为聆听用户最真实声音的窗口。为将社区中

⊖ 陈莹. 价值共创视角下虚拟品牌社区构建分析——以小米社区为例 [J]. 经济研究导刊, 2016(19): 55-57.
⊜ 吴麟龙, 汪波. 虚拟品牌社区对品牌关系的影响机制研究——以小米社区为例 [J]. 管理案例研究与评论, 2015(01): 74-86.
⊜ 车培荣, 王范琪. 互联网企业价值创造新路径：从价值链到价值网——以小米公司为例 [J]. 北京邮电大学学报（社会科学版）, 2019(4): 63-73.

用户创新的价值最大化，花粉俱乐部会定期举办原创 Emotion UI 设计、ID 设计、ROM 开发、beta 测试、花粉年会、花粉品鉴会、总裁公开课，以及以华为产品为主题的校园营销大赛等一系列线上线下活动[1]。

用户发起创建的社区则更多地出于对产品的关心和对品牌的高度热情。用户往往想要与其他用户分享产品信息，并与他们建立联系，因此用户选择自行创建某一品牌的在线社区，比如威锋网是我国苹果数码产品的粉丝在独立网络平台上自发组建的在线社区。用户也可在社交网络上创建在线品牌社区，比如国外消费者在 Facebook 上创建的可口可乐在线社区，以及我国消费者在新浪微博上建立的小米粉丝后援会等（见表 7-1）。

表 7-1　在线用户社区的两种类型及特点

类型	举例	特点
B2C 社区	小米 MIUI 论坛、华为花粉俱乐部、海尔众创意、星巴克 My Starbucks Idea 等	企业主导、以满足企业需求为目的
C2C 社区	威锋网、新浪微博上的小米粉丝后援会、消费者在 Facebook 上创建的可口可乐在线社区等	用户主导、以用户利益为核心

企业创建的在线用户社区被称为 B2C 社区，用户创建的在线用户社区被称为 C2C 社区[2]。就小米社区和华为花粉俱乐部而言，小米和华为的员工在社区中占据主导地位，企业本身掌握大部分信息资源以满足企业的营销、创新和信息需求，而用户的价值诉求主要靠企业

---

[1] 林劲，王博通. 粉丝营销理论的实践研究——以华为花粉俱乐部为例 [J]. 中国市场，2014(34): 15-17.
[2] 张克一，唐小飞，鲁平俊，王春国. 基于 C2C 与 B2C 虚拟品牌社区的企业知识创新比较研究 [J]. 科研管理，2016, 37(12): 65-72.

提供的资源来满足，用户处于相对被动的地位。

相较于 B2C 社区，C2C 社区开放程度更大，其中用户占据主要的位置并表现出强大的凝聚力，而企业参与程度较低。此社区以用户的利益为核心，用户的价值诉求主要由用户来满足。

从在线用户社区中识别变革机会

我们已经介绍了在线用户社区的概念及类型，那么在线用户社区到底给企业带来了哪些创新机会呢？接下来，我们以 Steam 游戏平台为例来探讨这个问题。Steam 游戏平台是 Valve 公司于 2003 年 9 月创立的，是目前全球最大的综合性 PC 游戏数字发行平台之一。

2011 年，Valve 公司为满足游戏玩家的多样化需求，推出了在线用户社区——Steam 创意工坊。作为 Steam 平台上最为火爆的游戏之一，Dota2 于 2012 年建立了官方的在线用户社区"Dota2 创意工坊"，主要包含三个主体：企业（Dota2 的游戏开发商 Valve 公司）、在线用户社区（Dota2 创意工坊）和用户（游戏玩家）（见图 7-5）。

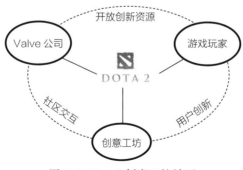

图 7-5　Dota2 创意工坊社区

在 Dota2 创意工坊中，游戏开发商 Valve 公司将创新所需的技术和资源（即游戏内部的数据与模型）发布到开放社区中，让游戏玩家根据自己的需求来创作游戏内容，或将玩家自己创作的产品发布到社区中，供社区内的其他游戏玩家浏览、讨论、试玩等。最后，Valve 公司会选取热门的用户创新产品并将其加入游戏产品合集中，或者将其进行售卖。截至 2020 年 4 月，该社区总共接收用户创新产品 3 万多个。

从上述 Dota2 创意工坊社区的例子可以看出，在线用户社区的创新模式体现了创新资源来源从线下到线上的转变，用户从创新需求提出者到创新方案提供者的转变，企业内部研发人员从创新问题解决者到创新方案寻求者的转变（见表 7-2）。

表 7-2 在线用户社区带来的变革

项目	传统用户创新	在线用户社区创新
创新资源	线下	线上
用户	创新需求提出者	创新方案提供者
企业	创新问题解决者	创新方案寻求者

在传统的封闭式创新模式下，创新资源主要来自企业内部的知识积累，而在线用户社区中丰富的用户生成内容则蕴含着大量的市场需求、技术进步等方面的信息和知识，体现了创新资源来源从线下到线上的转变[⊖]。

尽管传统创新也强调分散在各处的知识在企业创新过程中的作

⊖ Kim J H, Bae Z T, Kang S H. The role of online brand community in new product development: Case studies on digital product manufacturers in Korea[J]. International Journal of Innovation Management, 2008, 12(03): 357-376.

用,但产品或技术的研发工作主要还是由企业内部研发人员完成的,创新过程完全由企业控制,用户只是将使用过程中的体验反馈给企业,帮助企业进一步改进产品[⊖]。在用户创新模式下,用户可以在企业产品的基础上独自完成价值再创造过程。企业由此完成了从承担整个创新过程到负责开放技术资源,提供专业工具箱支持,并最终筛选出优质的用户创新产品的角色转变。

在用户需求多样化、创新资源分散化的背景下,在线用户社区改变了企业与外部利益相关者沟通和合作的方式,成为企业开放式创新的重要平台,并为企业带来了很多好处。

例如,"倾听用户,并把他们放在我们所做的一切事情的中心",这是迈克尔·戴尔(Michael Dell)从1984年创办戴尔公司时就一直严格遵循的准则。早在2006年,戴尔公司就开始研究如何运用社交媒体与用户直接沟通。2007年,戴尔公司更是建立了"创意风暴"(IdeaStorm)社区,让用户直接提交创意方案,共同参与创新,为企业产品设计拓展了极大空间。"创意风暴"社区的建立,不仅拉近了戴尔与用户的距离,更拉近了戴尔与未来的距离。

在"创意风暴"社区上线的短短几个月内,几条有关开源经济的产品观点被推上热门,成为最受用户拥护的创新意见。这些意见包括在PC产品中预置开源系统Linux,安装开源软件OpenOffice,以及用开源浏览器Firefox替代目前的IE浏览器等。用户的这些想法使得戴尔能够实时把握技术与市场发展趋势,进而提前布局未

⊖ Parmentier G, Mangematin V. Orchestrating innovation with user communities in the creative industries[J]. Technological Forecasting and Social Change, 2014, 83: 40-53.

来、拥抱未来。数据显示，已有超过80万人次向"创意风暴"社区提交了约15 000条创意，其中大约30%被戴尔公司采用⊖。

值得注意的是，过多的外部用户创新需要企业投入大量的时间和成本进行评估、筛选和实施，并且可能会导致企业忽视内部创新，面临着暴露自身技术创新动向和泄密总体技术战略的风险，从而不利于企业创新绩效的提升。可见，企业能否成功利用在线用户社区提升创新绩效，仍受到许多因素的影响（详见创新聚焦7-2）。

创新聚焦 7-2

美国无线 T 恤公司的开放式创新

美国无线（Threadless）T 恤公司通过举办创意竞赛的方式来收集社区成员的新颖设计。具体而言，美国无线 T 恤公司不仅将创意竞赛作为创意收集的途径，更将用户驱动的众包众创作为公司的立身之本。

美国无线 T 恤公司的前身是"无梦网"T 恤设计论坛，大量背景多元、专业各异的专业设计师和业余艺术创作者在论坛上发布自己的想法或作品，并由网友进行评价。但由于早期商业化运作手段的缺乏，导致大量优秀的创意和作品未能落地。为此，创始人尼克尔（Nickell）和德哈特（Dehart）成立了美国无线 T 恤公司，并通过开设在线社区邀请设计师和业余爱好者分享自己的创意或作品；同时还引入五分制的大众评价系统，通过这个系统，社区用户可以给每件作品打分、进行评论甚至预订。公司从众多高分作品中筛选出已有一定订购规模的作品交由合作厂商进行生产（见图 7-6）。

⊖ Bayus B L. Crowdsourcing new product ideas over time: An analysis of the Dell IdeaStorm community[J]. Management Science, 2013, 59(1): 226-244.

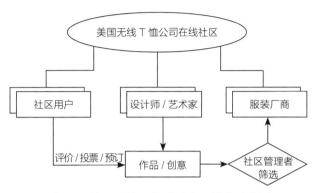

图 7-6　美国无线 T 恤公司商业模式示意图

借助在线用户社区，公司获取了大量用户需求信息，还以较低成本获取了艺术家们的 T 恤设计方案，借力社区用户帮助公司筛选出最有市场潜力的创意，大大降低了公司创新成本。

但由于没有正式的知识产权治理制度，社区内出现了很多模仿和侵权行为。为此，Threadless 社区成员自发制定了一系列知识产权保护机制，帮助公司打击侵权行为，维护社区共同利益。

资料来源：根据公开资料整理。

利用变革机会的三步走战略

至此，我们已经探讨了什么是在线用户社区，以及在线用户社区与传统企业创新模式的区别。紧接着，最重要的问题出现了：在线用户社区如何影响企业的创新活动？

我们知道，在线用户社区可使企业从社区内用户生成内容中收集大量创意信息和知识资源，还可以拉动外部利益相关者参与企业内部的创意生成和产品研发。那么，他们具体是如何完成用户创新的？社区成员扮演什么样的角色？在企业创新活动中又发挥了什么作用？这些问题对企业而言是非常重要的。

从创新价值链理论⊖出发，结合企业在线用户社区的实际运行过程，我们将企业基于在线用户社区的创新过程分为创意发现、创意实施和创新扩散这三步，并从社区成员角色和主要活动两个方面，具体分析在线用户社区对企业创新活动的影响（见图7-7）。

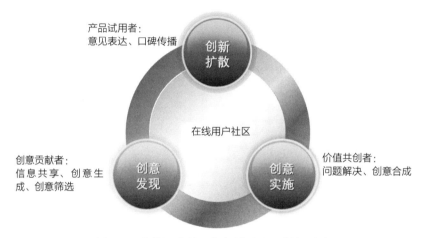

图 7-7　在线用户社区如何影响企业创新活动

第一步，创意发现

创意发现是企业利用在线用户社区进行创新的第一阶段。在这个阶段，社区成员扮演的是创意贡献者的角色，⊜主要通过信息共享、

⊖ Hansen M T, Birkinshaw J. The innovation value chain[J]. Harvard Business Review, 2007, 85(6): 121-133.

⊜ Zhu J J, Li S Y, Andrews M. Ideator expertise and cocreator inputs in crowdsourcing - based new product development[J]. Journal of Product Innovation Management, 2017, 34(5): 598-616.

创意生成和创意筛选这三种活动来影响企业创新。

具体来看，信息共享指社区中大量参与者关于市场需求、技术进步等信息和知识的讨论可以帮助企业判断产品创新的方向。比如，在产品研发设计的初始阶段，海尔在它的用户社区中发布了一个"寻找针对宝宝衣物消毒而设计的迷你洗衣机"的想法来向用户征集相关建议。不少用户基于自身需求和各种奖励的吸引提出了自己的想法，海尔也通过回帖的形式与用户进行了互动，最终选取了较好的用户创意并将其整合到新产品的开发过程中。

创意生成指社区中的参与者通过发帖、评论或参加创意竞赛等方式，直接为企业提供产品创新方案。比如，知名服装品牌优衣库每年都会结合当下最流行的时尚元素，通过开展流行主题原创T恤设计大赛的方式来征集用户创意。2017年的大赛主题为"任天堂"，2018年的大赛主题是"漫威"，2019年则紧随AR游戏潮流，将大赛主题确定为"精灵宝可梦"。在原创T恤设计大赛期间，任何有想法的用户都可以在官方社区中上传自己设计的作品。大赛评选出的前三名优秀设计作品将会获得1000～10 000美元不等的奖金，并有可能被收入优衣库当年的春夏UT系列中⊖。

当然，随着社区中参与者数量的增多，企业得到的用户创意也是大幅度增加的。那么，面对大量的用户反馈和建议，企业该怎么做？我们认为，企业可以通过下放一定的管理权力给社区用户，以达到社区自治管理的目的。具体而言，企业可以借助社区用户之间的相互监

⊖ 游戏宅. 优衣库2019年T恤设计大赛主题"精灵宝可梦"[EB/OL].（2018-10-12）[2020-05-03]. https://www.sohu.com/a/259122804_100191019.

督和评价,以及自主组织的投票活动和话题讨论等来筛选出最有潜力的创意,这就是创意筛选。比如,小米 MIUI 系统研发团队在 MIUI 论坛中设计了"橙色星期五"的开发活动,研发团队每周在社区中发布系统更新日志,社区中的十多万用户通过投票来表达自己对 MIUI 功能的喜好。小米官方人员表示,MIUI 系统的很多功能设计都是由社区用户讨论或投票决定的。

第二步,创意实施

创意实施是企业利用在线用户社区进行创新的第二阶段。在这个阶段,社区成员扮演的是价值共创者的角色,[⊖]主要通过问题解决和创意合成这两种活动来影响企业创新(详见创新聚焦 7-3)。

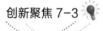

3D 打印社区 Thingiverse 的开放式创新

2008 年,著名 3D 打印机厂商 MakerBot 在纽约地区推出首家实体店时,上线了自己的 3D 打印模型分享社区——Thingiverse。Thingiverse 是全球最大的免费 3D 打印内容分享社区,该社区允许 3D 打印爱好者们上传自己的 3D 模型供其他社区成员下载、打印和评论。社区成员可以通过重组或整合他人的产品来设计自己的创新产品,但必须注明原创者的相关信息。

2016 年 2 月 11 日,MakerBot 公司推出新的 Thingiverse 开发者计

⊖ Zhu J J, Li S Y, Andrews M. Ideator expertise and cocreator inputs in crowdsourcing - based new product development[J]. Journal of Product Innovation Management, 2017, 34(5): 598-616.

划,即向软件开发人员开放 API,通过提供一些方便简单的在线定制工具,帮助社区成员完成创意、实现定制化需求,并且通过与打印服务商连接,直接将用户创意变为现实。据 MakerBot 公司称,Thingiverse 刚上线时,平均每周社区用户上传的 3D 模型不到 40 个。到 2015 年,公司已拥有 200 多万的月度活跃用户、每月 170 万的下载量和超过 2 亿的总用户下载量。

资料来源:根据公开资料整理。

具体来看,问题解决指社区中的特殊用户(如丁香园网站的医生)为普通用户解决疑问或提供产品解决方案,普通用户通过分享产品信息与使用体验、评估和推荐产品等来传播产品创新相关知识。这里的特殊用户可以是深度参与社区的企业研发人员,也可以是领先用户。比如小米社区基于米粉的兴趣形成了不同的社区互动版块,在这些版块中,米粉成员与其他用户分享玩机技巧、资源包和前沿程序等,并且就很多手机功能问题展开热烈讨论。

创意合成则指社区成员在重组、修改或整合他人贡献的知识的基础上,提出产品、服务或流程创新的方案。比如 Linux、Apache 等开源软件均可在它们相应的开源社区中自由下载,欢迎世界各地的程序员们按照自己的需求和爱好对软件的源代码进行修改,同时也允许商业机构对软件进行再次开发和按照相应的开源协议进行发布。通过这样的创意合成,在线社区的衍生创新也就实现了不断迭代。

第三步，创意扩散

创意扩散是企业利用在线用户社区进行创新的第三阶段。在此阶段，社区成员扮演的是产品试用者的角色，⊖主要通过意见表达、口碑传播这两种活动来影响企业创新。

具体来看，意见表达指社区成员作为新产品的早期试用者，对新产品的特点、性能、质量等多方面进行深度测评。口碑传播则指在线社区成员之间的持续交互增进了成员之间的信任与合作，这种信任与合作经过积累逐渐使社区成员产生了团结感，而这种团结感又激励社区成员自发地成为新产品或服务的"传道者"（详见创新聚焦7-4）。

创新聚焦7-4

华为花粉俱乐部

知名的在线社区华为花粉俱乐部通过举办一系列线上线下活动，包括华为Emotion UI设计、ID设计、ROM开发、beta测试、花粉年会、花粉品鉴会、总裁公开课以及以华为产品为主题的校园营销大赛等，来拉近企业与终端用户的距离，实现多元主体的实时交互。以beta测试为例，在每一款新品上市前，部分花粉（常常是领先用户）会获得提前"尝鲜"的机会，而得到该优先权的唯一置换条件便是对所"品尝"的产品做beta测试，并将测试报告反馈给华为公司，供研发工程师参考。花粉俱乐部及其开展的一系列活动使得华为既能及时对产品做出调整，使之

⊖ Kim J H, Bae Z T, Kang S H. The role of online brand community in new product development: Case studies on digital product manufacturers in Korea[J]. International Journal of Innovation Management, 2008, 12(03): 357-376.

更加符合市场需求，又能更加快速、准确地发现新市场。

花粉俱乐部依托华为的企业文化、华为荣耀的品牌理念以及花粉俱乐部独有的"热爱"文化，配合企业的优势资源，帮助花粉们开阔视野，提升个人整体素质，开拓发展空间，最终实现花粉与华为的共同成长。例如在互动营销方面，考虑到年轻用户群体的关注偏好，花粉俱乐部通过设置悬疑话题等新颖方式来吸引花粉们参与互动。

此外，花粉俱乐部还抓住西欧电音派对的机会，设计趣味活动，召集当地400多名花粉参与互动。在2015年花粉年会上，花粉俱乐部全体工作人员带头表演《卸膊操》，吸引现场花粉共舞，尽情展现年轻与活力。

这一系列极富创意的活动迅速使部分用户成为社区核心人员。作为口碑传播的基础，这些人员在带动社区发展的同时，还开拓了身边的花粉团体，成为名副其实的忠实"草根"代言人。花粉俱乐部一手抓用户需求，一手抓社区文化建设，推出花粉定制抱枕、主题T恤等系列衍生品周边，通过将社区文化符号化、具象化，为花粉们营造了一种归属感。如今，花粉已成为华为新产品的购买主力和意见领袖，在不同的生活场景中都有花粉们自发为华为"带货"的身影。

资料来源：黄月盈.基于超图划分的华为社区界面标签设计[D].暨南大学工业工程硕士学位论文，2018.

比如，小米MIUI论坛中荣誉开发组的成员享有尝试最新开发的功能以及Bug修正测试这两项优先权，内测粉丝组的成员则享有优先体验开发版本的权利，他们通过测评报告提出很多重要的反馈意见。小米的新产品还会通过社区内"酷玩帮""应用"等版块进行测评，通过众多用户的公测、使用、测评、反馈等环节，帮助小米工程师找到更多提升空间，从而不断优化产品功能和用户体验。

开放策略的选择与风险

虽然在线用户社区的开放式创新可以为企业带来一系列好处，但是过多的开放式创新可能会使企业耗费过多的成本和资源，或者导致企业忽视内部创新，或者使企业面临着暴露自身技术创新动向和泄密总体技术战略的风险，从而不利于企业创新绩效的提升。因此，企业对于开放策略的选择需要十分谨慎。

何时选择开放策略

什么样的企业适合借助在线用户社区进行创新？这里提供了三个标准供读者参考。

标准一：用户参与创新的主要动机是满足自我需求，在对产品进行改进时，社区成员所需付出的努力和时间越少，他们自然就越愿意为产品创新做出贡献。像手机系统等数字化和模块化程度较高的产品就更容易借助在线用户社区进行创新。

标准二：社区参与者可以是个体也可以是企业，实际上社区内的交互活动主要还是由"意见领袖"等个体参与者维持的。因此，面向个体参与者的产品更容易激发社区成员的创新热情。

标准三：企业文化和价值观是影响社区成员参与与否的重要因素。例如，美国无线T恤公司就是通过弘扬创造自由、艺术欣赏和不墨守成规的企业文化，吸引了大量极具创意的 T 恤设计者在它的公司网站上提交创意、相互评论以及参与设计和销售。因此，企业可以利用文化作为企业和社区成员间的关键联结点，增进社区成员间的团结感，促使其为企业产品创新做贡献。

开放策略背后的风险

虽然许多企业依靠在线用户社区取得了成功，如戴尔、星巴克、小米、华为等，但失败的例子更是不胜枚举。

2015 年 8 月，海尔洗衣机互联工厂根据用户提交的素材生产了一台定制化免清洗洗衣机，由于用户提供的素材包含有瑕疵的第三方知识产权，使海尔陷入了侵权风波。

类似地，一家国外文具公司 Moleskine 通过众包来设计公司博客的 Logo，该公司只为最佳设计方案提供了 7000 英镑的奖金，却强行占有了所有创客提供的设计方案。此举被认为是对粉丝知识产权的免费使用，受到了众包社区成员的猛烈抨击。

以上两个例子反映了企业在借助在线用户社区进行创新时存在着知识产权风险。具体来说，在创意生成阶段，企业存在着暴露自身技术创新动向和泄密总体技术战略的风险。而在创意实施阶段，则存在着因知识产权所有权不明而带来的创新成果侵权风险。

这就涉及企业对在线用户社区中知识产权的治理行为了，具体表现为企业要求获得用户生成内容的知识产权的程度。较高的权利获取程度是指企业拥有社区用户创造的知识产权的所有相关权利，完成权利转移后，用户不得再使用或授权他人使用相关知识产权。例如，海尔众创意平台规定：用户提交的内容若通过审核评定并获得奖励，其版权及相关工业产权全部归海尔所有。

较低的权利获取程度则是指用户可根据企业的具体条款继续使用他们创造的知识产权，甚至可以授权给第三方使用。[⊖]例如，三星盖乐世社区规定：三星不会对用户发表并上传至社区的任何内容提出所有权要求，用户可保留任何版权。

企业对于用户生成内容的权利要求程度太高，就会剥夺用户利用相关知识产权获得财务收益、个人声誉及成就感的机会，强化用户对预期收益分配不公的感知，从而降低了社区内用户的创新意愿。反之，权利要求程度太低也不利于企业本身获取价值。因此，如何处理用户创造的知识产权对企业而言也是一个难题。

对于用户在社区内上传的文字、图片、视频、软件等原创信息，无论该信息是否构成知识产权相关法律意义上的可保护客体，企业都需要做出相关权利的规定（见表7-3）。

表7-3 在线用户社区中的知识产权管理实例

社区	产权归属	企业的权利
海尔众创意	企业	用户提交的内容若通过审核评定并获得奖励，其版权及相关工业产权归海尔所有
VIVO	企业	VIVO对自有网站所载的所有材料或内容享有版权
小米、三星	用户	使用、复制、可转授权
华为、魅族	未明确界定	发表、复制、转载、传播、更改、引用、链接、下载、同步、对外授权或以其他方式使用部分或全部内容的权利

此外，许多社区中用户的持续创新意愿都很低，大多数用户在很

⊖ De Beer J, McCarthy I P, Soliman A, et al. Click here to agree: Managing intellectual property when crowdsourcing solutions[J]. Business Horizons, 2017, 60(2): 207-217.

短时间内就离开了社区。这反映出另一个非常重要的问题：如何吸引用户持续参与社区活动并做出贡献？

社区中的交互活动是由少部分核心用户维持的，㊀那么，有效认同并激励社区中的核心用户以获得更多更好的创意就非常重要。企业对社区成员的身份认同和奖励等，可以增强社区成员的自豪感和归属感，促进成员更加积极地参与社区活动、分享信息与知识，从而提高企业的创新绩效。因此，只有通过用户身份标识、社区积分/评级、徽章、礼品或现金奖励等方式来认同和激励社区成员，企业才能更好地利用在线用户社区提升创新绩效。

比如，在小米社区中，根据活跃程度和回帖质量，每位用户都会得到一个等级称号，不同等级意味着不同的权限，用户可以通过提高自己在论坛上的活跃度、回帖的质量等方式来提升等级，获取米粒、金币等奖励，用于兑换实物或参与抽奖。高等级的用户将有可能得到小米最新产品的试用权，极个别的领先用户还有机会加入米粉顾问团队，甚至成为小米的正式员工，特别优秀的达人用户则会被邀请参加米粉节、新品发布会等大型活动。

创新的四种典型开放策略

最后，我们总结出四种借助在线用户社区进行创新的典型策略，供企业参考。

（1）构建开放式的新产品开发过程。社区中丰富的用户生成内

㊀ Dahlander L, Frederiksen L. The core and cosmopolitans: A relational view of innovation in user communities[J]. Organization Science, 2012, 23(4): 988-1007.

容是企业外部创新的重要来源（详见创新聚焦 7-5），因此，从开放式创新的角度构建新产品开发过程就显得非常重要。⊖比如，小米就是通过"橙色星期五"开发模式让用户深入参与 MIUI 系统的更新过程。此外，小米还通过设置硬性指标等方式使"逛论坛"成为产品经理日常工作中的重要内容，通过让员工深入参与社区，与用户零距离交互，使测试系统和管理系统与社区融为一体，以把握用户不断变化的需求，真正做到即时响应。

IBM 的开放式创新

30 年前，IBM 还是专营软件知识产权的坚定维护者，依赖专利、商用密码、特许经营权等独占性手段来建立竞争优势。而如今 IBM 已成为开源经济的最有力推动者，在 Apache、Eclipse 及 Mozilla 等知名开源社区上，参与或主导了 200 多个开源项目。

IBM 意识到，在一定的技术距离下，与背景多元的开源社区用户合作将有益于创新想法的交换，进而大幅提升企业创新速度，缩短产品开发周期。因此，IBM 在 1998 年宣布放弃内部有关网络服务器基建的研发活动，寻求与 Apache 开源社区的联盟，Apache 的网页服务器也成为 IBM 的 WebSphere 产品家族的核心（见图 7-8）。通过与开源社区联盟，IBM 成功完成了对微软的阻击，防止对手形成垄断。IBM 持股的 Apache 社区有超过 1 亿个网站在使用 Apache 网页服务器。

⊖ Kim J H, Bae Z T, Kang S H. The role of online brand community in new product development: Case studies on digital product manufacturers in Korea[J]. International Journal of Innovation Management, 2008, 12(03): 357-376.

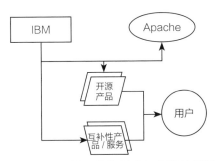

图 7-8 开源社区价值创造与获取示意图

IBM 拥抱开放式创新，不仅仅是为了提高自身的创新速度与产品质量，获得用户的价值认同，更是希望将开源打造成新的业务模式，最终通过向开源社区和开源软件的用户提供互补性产品或服务（如支持性硬件和售后服务等）实现创收。2018 年 10 月，IBM 宣布斥资 340 亿美元收购开源解决方案供应商红帽（Redhat），这标志着 IBM 开源战略的再次升级。

资料来源：根据公开资料整理。

（2）建立特定的系统和流程以有意识地从社区内收集和利用创意。例如，海尔每年春秋两季在众创意平台上举办"创意大 PK""设计师大讲堂"等创意节活动。通过发布既有挑战性又有丰厚奖品的创意"任务"，可以快速、低成本地搜集到来源于忠实用户的创意作品。此外，海尔还会邀请知名设计师走进高校，带领学生开展线下实践课堂，使海尔众创意的理念在线上线下深度融合的过程中不断延伸。

（3）进行创意组合管理。用户创新的动机主要是满足自己的需求，因此社区中出现的很多用户创新可能并不符合企业的长期利益，企业必须选择符合用户和企业共同利益的创新以实现价值创造。由于企业资源的限制，企业很难全面地采用社区中大规模、多样化的用户生成内容，需要通过创意组合管理，筛选有价值的创意，再将其转化为创新项目，才能更好地利用社区进行创新。

（4）提升吸收和应用外部知识的能力。虽然在线用户社区可以帮助企业获取市场需求、技术进步、用户创新等方面的信息和知识，但有研究表明，外部合作的价值取决于企业吸收和应用外部知识的能力。[注]因此，结合前文所述，我们可以得出如下结论：企业的吸收能力、内部研发能力以及知识产权治理手段等，都是影响企业成功利用在线用户社区进行创新的关键因素。

[注] Chesbrough H W, Vanhaverbeke W, West J. Open innovation: Researching a new paradigm[M]. Oxford University Press, 2006.

第三篇

数字创新的治理

数字创新生态系统在数字经济时代愈发受到大家的重视，甚至许多企业家言必称"生态"，这是因为数字技术让各方参与者能够以极低的成本建立联系。例如，一个简单的短视频App可以连接内容生产方、MCN机构（multi-channel network，多频道网络）、广告商、电商、技术支持商（如拍摄支持商、数据技术支持商等）、物流，以及用户等，涉及几亿人，形成了一个庞大共生的生态系统。我们知道抖音、火山、快手等App都采用了类似的模式，但如果仔细观察每个App的模式，我们会发现它们之间存在一些细微的差别，而这些差别最终导致抖音、火山、快手等App所主导的生态系统之间产生了巨大差异。

数字创新生态系统大多拥有相似的结构（见图P3-1），它们之间的巨大差异本质上是由不同的数字创新生态系统治理方式导致的，不同的治理方式使它们逐渐按照各自的路径演化并形成完全不同的"性格"。

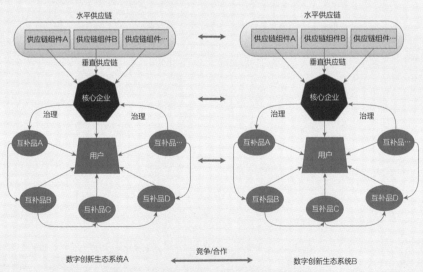

图P3-1 数字创新生态系统的结构示例

基于此，本书最后一篇将以一个更全局的视角来探究数字创新生态系统的构建和治理。第8章将对数字创新生态系统的类型和结构进行解构，阐述数字创新生态系统的构建路径；第9章将讨论数字创新生态系统的治理内容，探究不同的治理方式如何影响数字创新生态系统演化的方向。

DIGITAL
INNOVATION

第 8 章

理解数字创新生态系统

2019年9月，一年一度的云栖大会在杭州再度举办，大会聚集了来自全球几十个国家的上千名企业家和科学家，吸引了数万名技术爱好者。"十年前，我们讨论的是云计算和大数据的萌芽，五年前进入移动互联网的大时代，站在十年展望未来，整个社会都在全面进入数字经济时代。"阿里巴巴董事局主席兼首席执行官张勇在主论坛演讲中这样说道⊖。

数字经济进程不断加快，企业所处的外部环境日新月异、客户需求更为复杂以及技术不连续性变革等都要求企业打开大门拥抱世界，与不同的个人、组织乃至国家建立紧密的协同合作关系，形成以企业为核心的生态系统。企业需要顺应这一时代变革，转型升级技术，提

⊖ 阿里巴巴. 云栖大会 [EB/OL].（2019-09-25）[2020-05-03]. https://yunqi.youku.com/.

升核心创新能力,构建有效的创新组织架构。那么在数字经济背景下,企业间成立的数字创新生态系统有了什么新的含义?企业又该如何在生态合作中密切联系上下游生态伙伴,从中获得最大收益?本章将对这些问题进行探讨。

从"网络"到"生态"

以互联网技术为代表的数字技术极大地提高了人们收集、存储、分析和共享信息的能力,改变了商品和知识流动的方式,因而,更加灵活高效的组织形态——创新生态系统——变得更加盛行。我们在第6章介绍了一类平台组织——创新型平台,又被称为技术平台。这是一种通过搭建技术模块,为创新开发者提供互补创新产品或服务的技术平台。技术平台与全球各地的互补者共同组成了平台主导的创新生态系统。

准确地说,创新生态系统的概念源自生物学的一种隐喻,泛指一定时间和空间范围内,由组织及其所处环境构成的资源循环和价值流动结构,与自然界的生态系统有异曲同工之妙。在商业环境中,企业行为也可以看作是物种对环境变化的应答。创新生态系统的主要参与者(大学、企业、科研院所、政府等)扮演着不同的物种,这些"物种"之间相互产生的关系组成了各式各样的"生态群落"等[一]。

与传统网络组织不同的是,数字创新背景下涌现的生态系统被看

[一] Adner R. Match your innovation strategy to your innovation ecosystem[J]. Harvard Business Review, 2006,84(4): 98-107.

作是一系列为实现共同价值主张而自发形成的企业多边组织（见图 8-1b），而非局限于共享同一价值链的上下游伙伴组织网络[⊖]（见图 8-1a）。

在数字创新生态系统中，用户可以在众多参与者提供的产品中进行选择，并且在某些情况下还可以选择不同产品的组合方式。例如，Android 手机生态系统中的用户可以自行决定购买哪个应用程序，以及从哪个提供商那里购买这个应用程序。这相较以往从单个公司购买单个产品的方式更具灵活性。用户可以在一组生产者或互补者（互补产品提供者）之间自由选择，这些生产者或互补者通过某种相互依赖的关系捆绑在一起，这是数字创新生态系统有别于传统网络组织的一大特征。

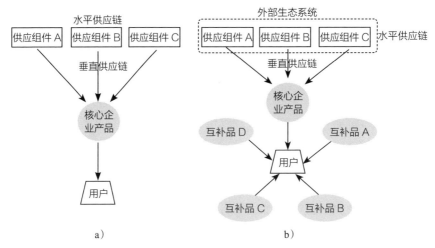

图 8-1 基于科层制的价值链与基于生态系统的价值链

⊖ Jacobides M G, Cennamo C, Gawer A. Towards a theory of ecosystems [J]. Strategic Management Journal, 2018, 39(8): 2255-2276.

更广泛地说，数字创新生态系统（以下简称创新生态系统）是核心企业为了提高创新价值，利用数字技术与其他生产互补产品和服务的组织共同建立的价值创造网络。

创新生态系统三大特征

数字经济时代下，创新生态系统主要表现出了动态性、多样性和无边界性三大特征（见图 8-2）。

图 8-2　创新生态系统的三大特征

（1）动态性。创新生态系统是一个不断变化的组织结构，它的核心价值主张会随环境变化而不断演化。比如，美国著名游戏公司维尔福（Valve）围绕自己的核心游戏软件打造的创新生态系统不断随着互联网用户需求的变化而动态发展，打造了 Steam 平台这一全球最大的综合数字游戏发行平台，供全球的软件开发者和需求者购买、下载、讨论、上传及分享游戏和软件。这个创新生态系统先后加入了 Youtube 账号链接、青睐之光、创意工坊等界面，不断改进并提升了用户的体验。可以说动态性和对环境需求的快速响应是创新生态系统演化发展的根基。

（2）多样性。多样性体现为参与者身份的多样性和系统内创新资源的多样性。身份的多样性是指一个完整的创新生态系统不仅要包含供应商和用户，还要包括政府、高校、第三方服务机构等，多样性的参与者保障了创新生态系统未来的发展潜力以及多元化的发展方向。而资源的多样性则体现在价值共创过程中所需的各类资源都可以在创新生态系统中通过一定途径获得，如资金、技术、人才、信息、数据等，不同的资源在创新生态系统中有着不同的流动渠道，可以被不同的参与者使用，这种差异化的组合使系统内资源极大地丰富起来。

（3）无边界性。数字技术发展使得企业创新活动打破了时空的约束，来自不同地区的创新者可以借助创新生态系统实现即时合作，突破了传统创新的地理和产业临近性限制，极大地提高了创新生态系统内创新者的参与程度和创新活动的频率[一]。当下很多创新生态系统都实现了全球范围内全天候的创新活动支持，让企业足不出户就能与全球创新资源和需求建立联系并创造出相应的创新价值。

创新生态系统的构成及类型

创新生态系统中的四类角色

平台主导的创新生态系统主要包括互补者和核心平台组织。从更宽泛的角度来看，创新生态系统中的成员可以拓展到产业链上的供应

[一] 孙聪，魏江.企业层创新生态系统结构与协同机制研究 [J].科学学研究，2019，37(7): 1316-1325.

商和分销商,以及外包企业、金融机构、技术提供方、竞争者、消费者和监管机构等众多相关组织。具体来说,从价值创造的角度出发㊀,创新生态系统中参与者的角色可以分为以下四类(见图8-3)。

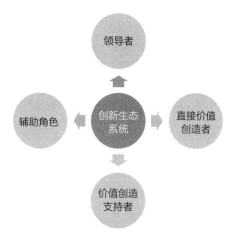

图 8-3　创新生态系统中的四类角色

领导者,即创新生态系统中扮演重要引领作用的领导企业。比如,软件生态系统中的微软,智能电网能源生态系统中的Cisco、IBM、GE等,也可以称这些领导者为主导者或基石组织。

直接价值创造者,包括供应商、互补者和用户等。例如半导体光刻生态系统中的镜片和面罩生产商,PC游戏生态系统中的软件游戏开发者,乐高生态系统中的用户社群,云计算生态系统中的用户等。他们是整个创新生态系统的中流砥柱,也是以用户价值为核心的价值创造者。

㊀ Dedehayir O, Mäkinen S J, Ortt J R. Roles during innovation ecosystem genesis: A literature review[J]. Technological Forecasting and Social Change, 2018, 136: 18-29.

价值创造支持者，包括行业领域专家等。比如，医疗生态系统中的医师和专家，区域生态系统中的大学和公共研究机构。他们虽然不直接为用户价值添砖加瓦，但在整个创新生态系统的价值创造过程中提供重要的专业指导和支持。

辅助角色，包括创业服务提供者、赞助商和监管者等。常见的有互联网硬件、软件生态系统中的服务提供者，生物医学研究生态系统中的政策制定者，创业生态系统中的政府和政策规制者等。这类参与者与用户和行业专家往往在创新生态系统创立初期便参与进来，伴随系统的扩张而成长。

创新生态系统的四大功能

接下来，我们从功能角度进一步探讨创新生态系统。我们不禁要思考，近年来业界大火的"创新生态系统"究竟有何魅力？数字产业的头部组织为何要斥重金打造创新生态系统，抢先跑马圈地？从驱动力来看，这是因为创新生态系统能为企业带来短期或长期的可观收益。企业之所以发起创立或参与创新生态系统，主要是因为创新生态系统的以下四大功能。

第一，获取外部资源。基于数字技术支持的创新生态系统是开放的，遵循资源互补性原则。创新生态系统为企业提供低成本接触外部资源的机会，让企业能够获取新的知识流和信息流，进而迅速提高自身创新能力。企业通过与外界建立紧密的合作关系，也提高了自身对外部环境动态性的适应和响应能力。

第二，提高研发效率。企业研发创新所需资源由企业内部和外部资源构成，企业在获取外部资源时，随即与外部伙伴建立合作关系，从而实现了双方资源和能力的互补，通过对原来独立完整的研发任务进行分解，并根据参与组织的各自优势进行分配，大幅提高了研发效率，加快了研发进程。

第三，提高创新绩效。参与企业与同属一个创新生态系统中的合作伙伴进行合作，能够有效促进企业自身创新能力和创新绩效的提升，同时，也帮助合作伙伴实现了知识分享和创新集成，从而提高了多边创新绩效。

第四，降低研发成本。当企业内部技术研发成本或风险过高时，参与创新生态系统进行合作创新，能够有效帮助企业解决这些问题。创新生态系统不仅可以帮助企业获得互补性资产，更关键的是实现了成本分摊及风险共担，提高了企业应对不确定性的能力，最终也提高了创新的效率。

创新生态系统的四大类型[一]

交响乐型（orchestra）。交响乐型创新生态系统是指具有类似交响乐团的组织和结构的创新生态系统：系统的核心企业扮演着指挥者的角色，通过设计和阐明创新的目标、架构、动力和模式来获得独有的领导力，在这种领导力影响下，带动众多行业精英共创价值。例如，英特尔和微软都因其在创新生态系统中的核心企业角色而受益良多。一般来说，其他创新生态系统参与者可以通过提供新的产品和服

㊀ 分类命名来源：Zahra S A, Nambisan S. Entrepreneurship and strategic thinking in business ecosystems [J]. Business Horizons, 2012, 55(3): 219-229.

务，或者与创新生态系统已有产品或服务互补来提出新的价值主张，并为客户提出解决方案。另外，其他参与者也可以向核心企业提供关键的产品或技术，以作为重要的互补者参与生态活动。

创意集市型（creative bazaar）。在创意集市型创新生态系统中，核心企业在全球网罗新创意、新产品和新技术，并利用其专有的基础结构为创意者提供配套的商业化基础服务，包括设计能力、品牌公关、资本支持和分销渠道等，从而支持他们开发创新想法并将最终产品和服务推向市场。比如，在生物制药产业中，众多小型生物技术公司会选择大型制药公司感兴趣的领域，通过碎片化或拼图式的形式进行有针对性的创新；大型制药公司为它们提供更全面的研发配套措施和分销售后服务，以确保研发成果的快速商业化。这样，新兴的创意点子不会因创作者的资源窘迫而夭折，行业内成熟企业也可以充分发挥其资源体量优势来弥补市场反应不够敏捷等缺陷。

即兴创作型（jam central）。以研究中心为代表的即兴创作型创新生态系统一般都具备独立实体，通过协助创意在新兴领域开发创新。这类创新往往是即兴产生的，也就是说创新的目标和方向往往会通过不同参与者之间的协作即兴出现。不同于交响乐型和创意集市型创新生态系统均拥有明显的主导组织，这类创新生态系统没有集中进行领导的企业或治理结构。新企业创造新知识，引入新范例，然后围绕这些新知识创建全新的（子）生态系统。例如，在开放式药物发现计划中，大学研究中心和小型生物技术公司都可以成为创新的主要来源。

摩登站点型（MOD station）。以在线用户社群为代表的摩登站点型创新生态系统，主要起源于 PC 版的视频游戏行业，在此类创新生态系统中，游戏公司允许用户创建或在已有基础上修改游戏，从而实现创新。核心企业采用这种方法来吸引广大用户利用现有的创新架构或产品平台，在创新者社区（通常由用户、科学家、专家等组成）中专注于开发新市场或解决已有的技术问题，而核心企业则通过自己的创新平台来为这种创新活动提供便利。这类创新模式是"用户创新"的雏形，也是如今创新生态系统中多样性程度及开放度最高的一种创新途径。

构建创新生态系统的两条路径

在创新生态系统中，用户可以自行在众多参与者提供的组件（或提供的元素）中进行选择，并且在某些情况下还可以选择它们的组合方式。数字技术的广泛运用使得模块化成为可能——生产系统中不同生产者的组件相互依赖，却仅需较少的协调成本。因而，一系列不同且相互独立的组织，可以不通过完全科层制准则而得以协同，从而形成创新生态系统。

从电信业到金融服务业，从 IT 行业到视频游戏行业，越来越多的行业倾向使用模块化架构进行创新和协调，由模块化带来交易成本的降低使创新生态系统化趋势得到进一步加强。

创新生态系统作为一种新型的治理结构，有别于其他科层制或市场组织形态。关键优势及独特之处在于，它们提供了一种结构，使得以往经济学讲述的生产和消费的互补性能够得到控制和协调，而不需要纵向一体化。从这个角度看，创新生态系统提供的结构保障了互补者一定的独立性，同时又让这个系统具有整体性[1]。

于是，我们不禁要问，这些创新生态系统是如何构建起来的？它们的成长扩张路径又有哪些不同形式？究其根源，正是参与者之间不同类型的互补性关系，塑造了创新生态系统既相互依赖又保持独立的特征。总的来说，创新生态系统中有两类互补性——独特互补性和超模互补性[1][2]。

- 独特互补性。独特互补性的严格说法是"没有 B，A 就不能发挥其功能"，其中 A 和 B 可以是特定项目、步骤或活动。而更常见的情况是，有 B 的时候，A 的效用会最大化。独特互补性可以是单向的，即活动或组件 A 需要特定的活动或组件 B，但反之不然；也可以是双向的，即 A 和 B 都需要彼此才能发挥效益。最常见的例子，在苹果的 iOS 应用程序生态系统中，应用程序（A）和操作系统（B）具有独特互补性，即在没有操作系统（B）的情况下，该应用程序（A）无法运行。这属于单向的独特互补性，因为即使没有应用程序（A）的支持，操作系统（B）也可以单独运行。

- 超模互补性。常见的表达则是"A 越多，则 B 更有价值。"A 和 B 可以是两种不同的产品、资产或活动。超模互补性可以

---

[1] Jacobides M G, Cennamo C, Gawer A. Towards a theory of ecosystems [J]. Strategic Management Journal, 2018, 39(8): 2255-2276.

[2] Teece D J. Profiting from innovation in the digital economy: Enabling technologies, standards, and licensing models in the wireless world [J]. Research Policy, 2018, 47(8): 1367-1387.

是单向的，也可以是双向的。这两类互补性还可以共存。在苹果的 iOS 应用程序生态系统中，应用程序（A）的增加使得 iOS 操作系统（B）更具竞争力和市场价值，同时操作系统（B）的广泛安装也会增加应用程序（A）的价值。这时，A 和 B 的互补性就是双向的。

根据参与者之间不同的互补性关系，不同企业可以采取不同的互补性扩张路径来构建不同类型的创新生态系统，常见的有弥散扩张型和聚焦收敛型两大类。

弥散扩张型

先超模互补性，再独特互补性。海尔依托 HOPE 平台构建了企业创新生态系统。它的路径是先选择从用户需求出发，抢占家电行业各分支领域中的技术高地，"弥散式"地建立起技术超模互补性，随后再围绕关键技术进行分解，寻找外部供应商实现独特互补性。

比如，海尔向内部征集技术需求，接到内部研发团队的技术需求后，HOPE 平台先对需求进行拆解，与平台上连接的外部专家进行技术咨询以确定产品研发的关键所在，随后平台会将具体项目需求发布在 HOPE 创新合伙人社群中，向全球征集技术解决方案。通过贴技术标签和大数据匹配筛选，初步遴选出满足条件的潜在技术合作伙伴。就像海尔创业投资总监滕东晖先生介绍的，"开放创新从 idea 到产品上市，这个过程都是开放的，需要让用户参与进来，让技术参与进来，不能单独是需要什么技术而去找一下"。以前是海尔主动找一些机构、组织（大学或企业）进行合作，但是这种方式的效率和反应速度跟不上环境和需求的变化，并且机构和机构之间的协商速度非常缓慢。因此，海尔还是把方向转向技术领域，通过与各个领域的专家进行线下对接，能够快速地解决一些技术开发时涌现出来的新问题。

海尔先孵化出不同的项目技术模块，如免清洗技术、干湿分离技术、净水洗技术等。这些技术构成了海尔创新生态系统中的超模互补性模块，这样的家电技术在海尔内部越多，该系统对用户的价值就越高。接着，海尔再与潜在外部技术合作伙伴进行深度交互，探讨可能的多种解决方案后，确定具体的合作伙伴及研发细节。最后由海尔的研发人员与外部技术提供方合作研发，或采取创客孵化的形式开展（见图8-4）。图中灰色圆圈表示各个技术分别形成的子系统，它们分散形成了若干独特互补性模块，由各供应商提供互补的组件模块或服务，紧密合作构建起不同的子系统。

例如，在"免清洗"洗衣机研发期间，海尔通过全球10大交互渠道、拥有超过500万粉丝量、1000万个交互量的19个交互平台收到了1300个创意。846位创客提交了方案，11位创客直接前往青岛与海尔的技术团队共同研发。又如，海尔冰箱研发部门在HOPE平台上发布了"让菠菜保鲜7天"的技术需求。该平台使用大数据技术和标签自动匹配，找到五家做相关技术研发的资源方，通过分析选取了三家并将其反馈给冰箱研发部门。针对这三家资源方，HOPE平台组织了洽谈会和技术评估会，邀请了五位专家以及冰箱研发部门的工作人员，通过技术评估确定接下来可以开展合作的资源方。

第 8 章 理解数字创新生态系统 171

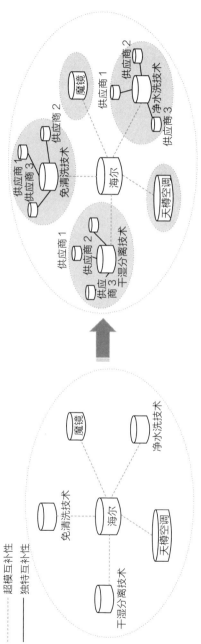

图 8-4 海尔创新生态系统构建路径(弥散扩张型)

聚焦收敛型

先独特互补性，再超模互补性。聚焦收敛型的扩张路径与弥散扩张型的完全不同，以万向集团为例，在构建创新生态系统时，该集团会根据产业发展需求先构建技术独特互补性，完成关键核心技术的"包围式"战略布局，再围绕各核心技术进行边缘产业技术拓展，从而建立起相关技术的超模互补性。

具体而言，早在1999年，万向集团便制定了"电池–电机–电控–电动汽车"的发展战略，成立了电动汽车项目组，布局新能源汽车产业。万向集团于2013年、2014年相继收购美国A123公司和Fisker公司，获得了新能源汽车中核心"三电"之一的"锂电池"技术，正式从一家传统零部件供应商摇身一变，成为极具潜力的动力电池企业。自此，万向集团开启了电池业务，又以动力电池为跳板，进一步向电动汽车逼近。在综合考量产品组合需求和市场驱动因素后，万向集团将下一步战略目标锁定在了"三电"中另一核心互补技术——"电驱动"技术上。

用万向人自己的话说就是："电池我们已经有了，配合电机驱动的话，本身也是产品组合角度去互补。这是非常符合市场逻辑的。"因此，万向集团率先构建了电池、电驱动、电控这"三电"之间缺一不可的独特互补性（见图8-5a）。

在具体寻求外部技术合作伙伴时，万向集团直接找到该领域的领头羊英国Romax科技有限公司，协商成立了万向新能源汽车传动工程中心。作为全球领先的工程技术咨询公司，Romax拥有出色的工程团队和高级虚拟产品开发与仿真软件 RomaxDesigner、RomaxWIND 及家族系列产品，为万向集团提供设计、分析及认证支持等服务。万向集团与 Romax 围绕电驱动机械旋转体和电驱动总成这一套技术，进一步与该领域较强的大学、研究机构进行合作，如英国谢菲尔德大学、UMmason、OPIX 实验室等。

"别看万向现在只做了智能制造，实际上为了帮企业做升级，我们也会关注一些更前沿的云计算、做边缘或其他创业领域的技术……只要新技术出现了，我就要对它有所监控，争取能纳入万向自己的生态中"，这是万向创新总监杨林的评价。万向在双创模式下通过参加各类活动、双创比赛等建立起行业内小微的数据库，实时把握行业前沿技术动态，围绕万向工程联合中心进行有目的的创业孵化布局。

万向创新生态系统基于先前的"三电"独特互补性，围绕各分支技术发散建立起多个子系统（见图 8-5b）。例如电驱动系统，该系统包含了无人驾驶、系统评估、测试等服务技术模块。这类服务技术模块越多，子系统越具竞争力，相应地，对万向集团和用户来说，创新生态系统也就更有价值。同理，建立在电驱动系统下的无人驾驶模块又可以外包给内外部的小微企业进行再次孵化，形成无人驾驶子系统模块。在模块中由无数小微相辅相成组建超模互补性（见图 8-5c），这意味着小微的数量和种类越多，从子系统到电驱动系统乃至万向创新生态系统都会更具活力和市场竞争力。

174 第三篇 数字创新的治理

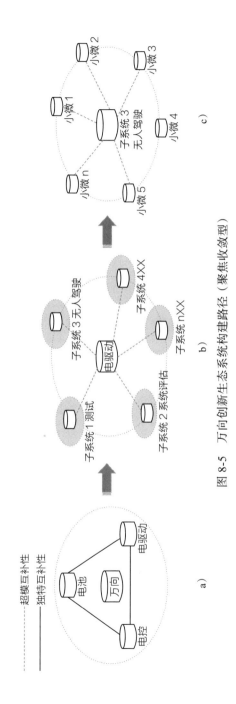

图 8-5 万向创新生态系统构建路径（聚焦收敛型）

创新生态系统的结构

在创新生态系统中，通常存在一个或多个核心企业，这一个或多个核心企业一般也是创新生态系统的建造者和运营者。例如苹果创新生态系统中的苹果公司、阿里生态圈中的阿里集团，它们利用独有的竞争优势与其他组织建立复杂的合作关系。核心企业的目标、行为以及参与生态活动得到的反馈将会对创新生态系统的运行和治理产生重要影响[1]，同时，也决定了创新生态系统的发展方向。

创新生态系统中的核心企业有两个关键特征：唯一性和协调性。

- 唯一性是指核心企业处于创新生态系统的中央核心位置，作为建造者在该系统内扮演不可替代的角色。一个创新生态系统可以更换任何参与者，但核心企业不能被替换[2]。

- 协调性是指核心企业负责创新生态系统的正常运行，即通过设计制度和规则，实现全系统的良好运行和发展。协调是核心企业的关键职能[3]。

由于成立创新生态系统的组织在行业、规模、战略导向、商业模式上都会存在差异，进而因核心企业的不同而产生了不同结构的创新生态系统，具体来说主要有高山型、竹林型和蓄水池型。

---

[1] Zahra S A, Nambisan S. Entrepreneurship in global innovation ecosystems[J]. Academy of Marketing Science Review, 2011, 1(1): 4-17.

[2] 梅亮，陈劲，刘洋. 创新生态系统：源起、知识演进和理论框架 [J]. 科学学研究，2014, 32(12): 1771-1780.

[3] Wareham J, Fox P B, Giner J L C. Technology ecosystem governance[J]. Organization Science, 2014, 25(4): 1195-1215.

高山型

它是指创新生态系统的核心主体是单一企业，该企业根据自身所处的行业和技术创新的需求直接与合作伙伴开展合作，成立以企业自身为核心的创新生态系统。"高山型"创新生态系统普遍出现于行业内核心技术资源集中于某家或某几家企业的情况，这些企业可以凭借对资源的垄断或类垄断形式围绕自己成立创新生态系统，其余组织则通过提供辅助性资源支持来参与价值创造活动。

这种结构下的核心企业对技术挖掘、研发和商业化全过程具有主导权，它对创新生态系统的控制强度相对较高，通过内部控制带动整个行业的技术发展，并加快系统内每个生态活动参与者的价值创造和获取进程，从而实现系统繁荣（详见创新聚焦 8-1）。

创新聚焦 8-1

苹果的"高山型"创新生态系统

苹果的创新生态系统可以分为硬件和软件两类，其中，硬件创新生态系统以苹果的几大核心产品为主，形成了"自主研发＋外包生产"的闭环模式，除了少数技术通过对外收购获取，包括操作系统在内的绝大部分核心技术都是由苹果自主研发产生。因此，硬件创新生态系统的结构和模式十分简单，参与者也十分明确，基本都是上下游配套供应商和生产商。

2008 年 7 月，App Store 随着 iOS 2.0 系统更新正式上线，最初只是用于销售苹果公司自己开发的手机软件。上线 3 天，App Store 的应用下载量就突破了 1000 万次，同年 9 月更是达到了 10 亿次，苹果公司很快意识到了这种软件商店模式的市场潜力。2009 年 8 月，App Store 开始向外界开放，接受非苹果公司开发的 App，几个月内平台上的 App 数量就从最初的 500 个增加到 8.5 万个。在网络效应的作用下，App 供给量和 App Store 使用者的数量相互促进，不断增加。2013 年，平台应用下载量突破 500 亿次，为苹果公司带来近 500 亿美元的收入；2017 年，平台上的 App 总数超过 200 万个，全球下载量超过 1750 亿次，销售额超过 860 亿美元，而 App 开发者平均可以获得销售额中的 30%。

在软件创新生态系统方面，苹果公司依托 App Store 实现了线上资源吸纳和对接，是一种典型的 C2C 模式：所有人都可成为开发者，所有人也都是需求者，苹果公司对开发者没有任何资金或技术的限制。在开发者注册之后，App Store 就会为其提供 App SDK 和相应的技术支持，帮助开发者设计 SDK 工具箱。应用程序一旦开发成功，可以近乎零门槛地在 App Store 上交易，平台会帮助开发者营销产品，通过各种榜单、入口界面、搜索等功能的设计，帮助用户进行选择。苹果公司在无边界软件创新生态系统中负责在开发者与用户之间搭建平台，帮助推广并完成支付，从中收取分成。

整个创新生态系统建立在苹果硬件产品的市场统治力之上，以苹果产品的高市场占有率、高用户黏性等关键属性为核心。可以说苹果公司是创新生态系统的绝对核心，掌握了整个系统的发展方向。

资料来源：根据公开资料整理。

竹林型

它是指由一家或多家企业牵头，与几个关键组织建立联盟式的创新合作关系,以产生抱团的"竹林效应",再围绕创新联盟构建联盟整体共同治理的创新生态系统。在互联网环境下,高速发展的企业就像竹子,一夜之间,拔节生长。但是单株竹子的生命周期是很短的,难以对外部环境的变化及时做出改变,就如同很多互联网公司的生命周期都不长,它们多死于战略或资源滞后。那么,竹子的优势是什么呢?它具备快速形成竹林的能力,竹根在地下快速生长,新的竹笋不断长出,一个能抵挡风雨的竹林就形成了。同样,企业建立创新联盟后,其抗风险能力也呈指数级提升(详见创新聚焦8-2)。

小米的"竹林型"创新生态系统

小米公司在2013年年底就察觉到智能硬件和物联网市场将会爆发的前景,而公司本身专注于手机、电视、路由器等业务,因而专门成立了"金米"公司负责投资业务,目标是在五年内投资100家智能硬件相关的生态企业,形成以小米为核心的小米生态链。

小米生态链成立前三年共投资了五十余家公司,成功培育出华米科技、紫米科技等四家估值超过十亿美元的独角兽企业,以这种"投资+孵化"的模式,逐渐形成了以小米公司为绝对核心,华米科技、紫米科技等嫡系生态链企业为关键节点的创新生态系统。

这些企业原则上不是小米公司的子公司,与小米公司多是投资关系。小米公司强调自己生态链上的企业必须保证是"小米模式"的复制,和小米价值观保持高度一致,它们的产品销售也完全依托于小米生态链。随着生态链企业的不断发展壮大,最初的那些关键节点企业不再只依靠小米公司的庇护，比如2015年前后打造的小米手环、小米移动电源等明星生态链产品，其研发和生产都是由生态链企业独立完成，小米公司只承担投资人的角色，但是开发产品所使用的技术是生态链企业可以共用的。

在生态链企业的加持下，小米公司从过去的手机、电视、路由器等少数几个核心产品的"驱逐舰"变成了拥有一系列周边智能硬件产品的"航空母舰"，为小米创新生态系统赢得了大量的用户流量和信息入口。最初小米商城只发布小米公司生产的产品，由于小米生态链上的企业数量极速增加，为进一步扩充生态规模，小米公司于2016年4月发布了"米家"这一电商品牌（后更名为有品），专卖小米生态链企业生产的各种产品，产品种类涉及生活的方方面面。

至此，小米的创新生态系统形成了一个"三环结构"：最内层是小米公司自身及其核心技术和产品，中间层是以华米科技、紫米科技为代表的关键联盟企业，最外层是与小米公司相关性最弱的其他生态链企业（见图8-6）。

图8-6 小米的创新生态系统结构

众多行业内具备竞争优势的企业通过结成同盟汇聚资源，在此基础上联合成立企业创新生态系统,以提高自身在生态竞争中的话语权。也有企业为提高竞争的胜率、避免业内利益分配纠纷等问题,选择跨行业成立联盟,取长补短共建创新生态系统。

在这种以企业联盟为核心的创新生态系统中,由于该领域的核心技术并非被一家或几家企业独占,众多创新参与者得以借助创新生态系统内流动的资源信息自行进行创新合作,所创造的价值再反哺系统并推动系统发展,因此参与者之间保持着较高的合作程度。

蓄水池型

构建"蓄水池型"创新生态系统的核心是搭建技术平台,这个平台就像一个蓄水池,把活跃在创新生态系统中的各个参与者和创新要素汇聚在一起,进行自由交互,外部组织也可以深度参与进来,因而内部部门可以直接通过平台与外部组织建立合作关系(详见创新聚焦8-3)。

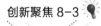
创新聚焦8-3

海尔的"蓄水池型"创新生态系统

2013年是电子商务市场爆发及电商格局确定的一年,数字平台对企业组织模式和运行模式带来了巨大的冲击。无论是制造业企业还是服务业企业都面临一个问题,就是不知道在哪一天就会被一个完全不相关的对手击溃并颠覆。就像让尼康破产的不是佳能,而是三星、苹果等生产智能手机的企业;让康师傅销量急剧萎缩的不是老对手统一或白象,而是异军突起的美团外卖。同样,在看似格局已经稳定的家电行业中,海尔仍旧在持续寻找未来可能会被颠覆的方向。

作为一家大型制造企业,海尔的战略重心一定是当前产业市场中竞争优势的获取和竞争地位的保持。为此,海尔 2013 年宣布进入网络化战略阶段,对企业组织模式和商业模式进行大刀阔斧的改革,从生产家电产品的制造业企业转型成为向创客提供资源和服务的平台型服务组织,为建立创新生态系统奠定了组织基础。2013 年起,海尔先后上线了 HOPE、COSMOPlat、U+ 等平台,同年还与阿里巴巴集团合作成立了聚焦家电等大件商品的物流平台。

借助创新生态系统的无边界性和快速延展性,海尔的创新生态系统在短短几年内发展迅速,孵化出了近 20 家估值过亿的小微企业。频繁上线的各类平台让海尔的组织模式变成了"平台主+小微主+创客"⊖的扁平模式,同时,海尔借此彻底撕掉了行业标签,建立了以企业自建平台为核心的创新生态系统。

在海尔搭建的创新生态系统中,包括各类企业及所属部门、用户、科研院校、政府在内的众多创新主体都可以发布资源和需求信息,同时借助海尔完善的供需匹配平台实现快速对接。这种结构的创新生态系统使得参与者的属性被简化为用户和技术(产品/服务)提供商两种,双方可以在海尔建立的平台上自行交流合作,因此吸引了一大批用户和技术提供商的入驻。

同时,由于海尔自身已经转型成母公司平台与众多小微(独立运营的创业团队)并存的组织模式,企业内部小微和部门之间通过市场链进

⊖ 平台主是海尔内部不同小平台的负责人,小微主是海尔内部孵化的小微企业的负责人,创客是这些小微企业里的创业者。

行互动，逐步演化出了内部生态的特点。一方面，海尔作为核心企业是创新生态系统中的主要参与者；另一方面，海尔内部也是一个生态系统，企业内的部门可以作为独立主体参与外部创新生态系统的活动，由此形成了深度嵌入的局面（见图8-7）。

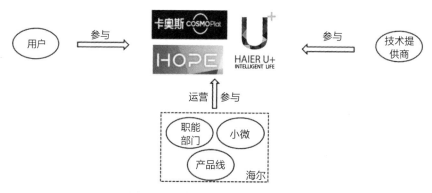

图 8-7　海尔的创新生态系统结构

在"蓄水池型"创新生态系统中，核心企业除了直接参与创新活动外，更多的是扮演系统维护者的角色，通过平台建设和运营维护，为众多创新参与者之间的交互提供稳定持续的环境，以参与者目标和价值的实现为己任，推动创新生态系统和产业的发展并从中受益。

通过对上述三种创新生态系统结构类型的总结，我们可以清楚地看到核心企业在三种结构类型中的重要性是不断下降的，但是这并不是说在"蓄水池型"创新生态系统中的核心企业不重要，而是更强调其在参与者和维护者角色上的作用，核心企业在完成创新生态系统的搭建后就不再进行过多的干预。

随着核心企业重要性的下降，一方面，创新生态系统结构相应地从耦合向松散转变，系统的边界和准入门槛也逐步变得模糊，企业加入创新生态系统也越来越容易。比如在"蓄水池型"创新生态系统中，参与者可以通过平台直接参与创新活动，而不需要达到核心企业或核心企业联盟合作的要求及标准。

另一方面，在创新生态系统中，参与者的重要性越来越高，进行创新活动的层次和嵌入程度越来越深。比如在"高山型"创新生态系统中，参与者是以企业为单位参与生态活动的；而在"蓄水池型"创新生态系统中，最小参与单元是企业内部的职能部门，使得创新活动嵌入程度更深，更精细，创新资源的配置和价值创造也就更准确。

当然，我们不能说这三类创新生态系统孰优孰劣，参与者的重要性高固然可以提升创新活动的嵌入水平，提高创新资源配置的准确性，但是相应地带来的成本和管控风险也会很高。而核心主体的重要性高，既能在系统层面上保证创新生态系统按照统一的目标快速发展演化，也降低了系统内部出现一些机会主义行为的风险，但它会在一定程度上牺牲参与者的多元性，打击参与者参与创新的积极性。因此，企业在选择成立或参与创新生态系统时，一定要根据自身条件具体情况具体分析，牢记"没有最好的，只有最合适的"。

DIGITAL
INNOVATION

第 9 章

治理数字创新生态系统

越来越多的企业通过数字创新打造或参与创新生态系统来共同创造价值。第 8 章着重讨论了创新生态系统的构建方法与过程，俗话说"守业更比创业难"，在创新生态系统的运行过程中，由于多方参与导致的复杂性及数字创新的高度不确定性，整个系统及各参与方将会遇到各种各样的难题。这些难题如果得不到解决，就会影响系统的运行效率，甚至会影响到整个系统的存亡。

因此，对数字创新生态系统进行有效的治理至关重要。正如 IBM、微软和英特尔的实践所展示的，不同的治理方式直接关系到其创新生态系统的兴亡（详见创新聚焦 9-1）。本章将详细阐述数字创新生态系统的治理，主要包括治理内容、治理机制和治理模式等。

接下来，我们需要理解什么是数字创新生态系统（以下简称创新生态系统）的治理。

创新聚焦 9-1

IBM 的失败治理与微软和英特尔的成功治理

IBM 在 20 世纪中叶近乎垄断了计算机产业，80 年代开始生产 PC，在产品诞生的第一年就击败了市面上的所有公司，占据了七成以上的市场份额。针对 PC 的研发，IBM 构建了多家公司共同参与的创新生态系统，其中包含了诸多硬件公司（如半导体）以及一些软件公司。在对该系统进行治理的过程中，IBM 错误地做出"BIOS 能够作为瓶颈来控制整个创新生态系统"的决断，由于这项技术很快就被其他竞争者破解了，一些创新生态系统中的公司逐渐选择另起炉灶，脱离 IBM 所领导的创新生态系统。其中，就有在当时毫不知名的微软和英特尔公司。凭借参与 IBM 创新生态系统所得到的技术与经验，微软和英特尔分别将注意力集中在 PC 的核心软硬件——操作系统和 CPU 上，并以自身为核心构建了新的创新生态系统。此后两家企业迅速崛起，以亲民的操作系统和消费级 CPU 向着不同方向的客户价值主张努力。它们吸取了 IBM 的经验和教训，将创新生态系统的核心技术牢牢掌握在自己手中，对系统内的互补企业进行较为严格的控制，使其在设定的架构与标准中进行研发和创新，这些成功的治理方式使得它们至今仍活跃在电子信息领域。

资料来源：根据公开资料整理。

健康的创新生态系统

治理是一个组织的管理方式,其中包括权力、责任和决策过程[1]。在数字经济时代背景下,创新生态系统的治理是指治理方通过一整套正式与非正式的制度安排来合理分配系统中的执行权力,优化系统中的战略决策,协调内部参与者的关系,从而保障创新生态系统健康有序地运行[2]。

创新生态系统的治理主要涉及成员的角色和决策权、措施和政策的选择,以及治理主体如何划分责任和权力、协调激励措施、分享股份等内容,其中,治理主体必须做出的一个基本治理决策是将多少权力赋予整个系统,以及为自己保留多少控制权。创新生态系统在治理中要用战略程序和过程来控制、维护或改变,包括技术和管理两个方面,如创新模块、标准的管理、业务和伙伴关系模式的定义以及进入壁垒的建立等。

治理主体

首先,我们来回答第一个问题:由谁来治理创新生态系统。

(1)核心企业。创新生态系统是由多样性的参与者组成的,尽管系统内的参与者不受合同和协议的约束,核心企业作为整个系统的发起者与领导者仍要采取有效的治理机制,因为其往往是整个系统中

---

[1] Dubinsky Y, Kruchten P. Software development governance (SDG): Report on 2nd workshop[J]. ACM SIGSOFT Software Engineering Notes, 2009, 34(5): 46-47.

[2] de Vasconcelos Gomes L A, Facin A L F, Salerno M S, Ikenami R K. Unpacking the innovation ecosystem construct: Evolution, gaps and trends[J]. Technological Forecasting and Social Change, 2018,136: 30-48.

最重要的治理主体。对创新生态系统中的核心企业来说，治理的程序和过程主要是控制、维持或改变其在所有不同范围级别的创新生态系统中的当前和未来地位[^1]，其中包含了一系列的制度设计和安排。

作为系统的领导者，核心企业需要通过这些制度设计和安排来保持一个微妙的平衡：既需要保持对整个系统的有力控制，又需要更大限度地增加第三方参与者的多样性并挖掘其创新潜力。

核心企业在治理过程中的关键挑战是平衡自身的战略目标与系统内参与者的目标和活动，这种微妙的平衡对于整个创新生态系统的繁荣健康发展至关重要。除核心企业之外，创新生态系统中还存在着大量互补的参与企业，在很多治理活动中，它们同样也会承担治理主体的责任。比如在一些创新生态系统中，众多参与者共同组建管理委员会协商相关规则和制度并对一些违规者进行一定的内部惩罚。

（2）其他权益主体。政府、大学及科研机构等社会组织作为创新生态系统中的权益主体，同样也是创新生态系统的治理主体。创新生态系统的治理强调多元、多中心治理主体的广泛参与，本质上是多元治理主体通过自发性互动和反复博弈来进行共同治理。因此，所有参与系统的成员都有可能成为创新生态系统的治理主体，比如由当下比较受推崇的"政产学研"合作而形成的创新生态系统。高校与科研机构在其中常扮演研发、创新主力的角色，这使得它们在创新生态系统的治理中拥有一定的发言权与决策权。政府、行业协会等权力机构在创新生态系统的治理中往往起到监督的作用，作为第三方治理主体

[^1]: Baars A, Jansen S. A framework for software ecosystem governance. In international conference of software business [C]. Springer, Berlin, Heidelberg, 2012:168-180.

引导整个创新生态系统有序发展。

治理边界

在回答了创新生态系统由谁治理的问题后，我们进一步探讨具体的治理内容，也就是创新生态系统中需要治理什么。

创新生态系统中需要治理的对象和范围被称为治理边界，它界定了创新生态系统各主体及其协同运作的领域。明确创新生态系统的治理边界，可以帮助我们在治理过程中更准确地界定治理对象、治理范围和治理内容，从而对系统的各个方面进行有效治理。

（1）参与者治理。"商业生态系统"概念的提出者詹姆斯·弗·穆尔将生态系统定义为一种松散互联的网络，这个网络一般由企业和其他实体单位所组成⊖。也就是说，创新生态系统的治理对象主要是利益相关者，具体包括客户、供应商、互补者、管制机构、标准设定组织、司法机构、教育和研发机构等各类组织、机构和个人，这些参与者相互影响，甚至能够决定核心企业的命运⊖。

（2）参与者之间的关系治理。创新生态系统的参与者会围绕着一些在系统内共享的技术、知识或技能来进行合作，从而达到群策群力的效果。这些参与者以创新为目的，通过合作与竞争的方式共同开发新产品或新服务。因此，治理内容就是通过对参与者之间合作与竞

⊖ Moore J F. Predators and prey: A new ecology of competition[J]. Harvard Business Review, 1993, 71(3):75-83.

⊖ Helfat C E, Peteraf M A. Managerial cognitive capabilities and the microfoundations of dynamic capabilities[J]. Strategic Management Journal, 2015, 36(6): 831-850.

源安排的设计,将各个产品组成一个面向客户的整体解决方案⊖。

(3)创新生态系统的整体形态治理。随着市场环境的不断变化及信息网络技术的发展,企业创新环境发生变化,这就使得创新生态系统的边界日趋扩大并逐渐模糊,对创新生态系统整体形态的治理也变得愈发重要。

治理目标

更进一步,创新生态系统的治理要实现什么样的目标呢?

在确定创新生态系统的治理边界之后,我们需要进一步明确创新生态系统的治理目标,以使创新生态系统治理做到有的放矢,实现有效治理(详见创新聚焦 9-2)。创新生态系统的治理目标可分为结果目标和过程目标⊜。

索尼创新生态系统的治理目标

索尼在 1979 年制造了世界上第一台 Walkman,此后便在电子硬件领域不断深耕,打算在 90 年内进军家用视频游戏主机领域。在当时任天堂和世嘉占据主导地位的情况下,索尼凭借对其视频游戏开发创新生态系统的有效治理,异军突起,实现了弯道超车,它推出的第二代 PS 主机销量在全球处于领先地位。

⊖ Adner R. Match your innovation strategy to your innovation ecosystem[J]. Harvard Business Review, 2006, 84(4): 98-107.
⊜ 顾桂芳,胡恩华,李文元. 企业创新生态系统治理研究述评与展望[J]. 科技进步与对策, 2017(5): 1-5.

索尼在治理过程中非常注意控制目标与协调目标。一方面，它对创新生态系统内开发出《最终幻想》《生化危机》等重磅游戏的卡普空、史克威尔等企业进行严格控制，设法将这些企业的新游戏产品在自家主机上实现独占，避免它们登录竞争对手（如任天堂、世嘉和微软）的游戏平台，从而吸引并保留了一大批用户。

另一方面，索尼非常注重系统内互补企业的研发过程，通过派遣技术人员、开展培训、定期访问等方式协调与互补企业之间的关系，使这些企业能够更充分地了解 SONY PlayStation 主机的架构来发掘其更多的性能，进而提升游戏创新的品质。

资料来源：根据公开资料整理。

（1）治理的结果目标。总的来说，治理的结果目标是要保障创新生态系统健康运行，最大化地实现价值创造与获取。创新生态系统内的治理行为、方式与方法应围绕这个目标并以此为方向开展具体的治理活动。

（2）治理的过程目标。治理的过程目标可划分为控制目标和协调目标。由于创新生态系统具有组织关系松散与成员企业之间高度多样性的特点，部分成员企业在合作创新过程中可能出现"搭便车""宰客"等机会主义行为，从而破坏其他参与者的利益，挑战核心企业的权威，威胁整个系统的稳定性，因此治理的控制目标就是要对可能影响系统秩序与健康的行为进行约束，将机会主义行为和不确定性事件控制在可控范围内。为此，治理主体需要根据协调目标对各方直接的行为和关系进行引导与调节，科学配置系统内的资源，以形成和谐高效的创新氛围。

治理效果评估

最后,如何评估创新生态系统的治理效果呢?我们一般用创新生态系统的健康度这一指标来评价其治理的效果[⊖]。既然称之为生态系统,我们在评估一个创新生态系统的健康度时就可以类比自然界的生态系统。具体来说,创新生态系统的健康度主要包括五大方面(见图9-1)。

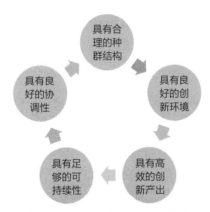

图 9-1　创新生态系统的健康度

(1)具有合理的种群结构。它是指创新生态系统内部互补企业的种类和数量,与研发机构、金融机构和中介机构能有很好的匹配。合理的种群结构能够使创新生态系统内各个参与者充分配合,获得充足的资源,这是影响系统健康的重要基础。

(2)具有良好的创新环境。就像良好的生态环境能够孕育出丰

⊖ Nambisan S, Sawhney M. Orchestration processes in network-centric innovation: Evidence from the field[J]. Academy of Management Perspectives, 2011, 25(3): 40-57.

富多样的物种一样，创新生态系统在运行过程中，它的未来走向很大程度上受到自然环境、经济环境、科技环境、文化环境等综合性创新环境的影响。

（3）具有高效的创新产出。创新生态系统构建的目标就是要实现价值创造与创新的基本功能。只有拥有良好创新绩效的创新生态系统，才能实现良性循环，不断扩大规模，取得更多成果，并提升系统的活力。

（4）具有足够的可持续性。在当下这个高速变革的时代，高复杂性和高不确定性随时可能给创新生态系统带来剧烈的震荡，可持续性是创新生态系统抵御重重困难，保持其生命力的重要保障。

（5）具有良好的协调性。正如在治理过程目标中所强调的创新生态系统内企业协调的重要性，一个生机勃勃的创新生态系统离不开内外部所有参与者的共同努力，良好的协调性能够带来高效的合作，最终提升整个系统的健康程度。

三类核心治理机制

为确保整个系统健康有序运行，治理主体需要采取有效的创新生态系统治理机制。治理机制⊖往往表现为一套制度设计，通过这些制度设计来促进参与者的有效创新协同，提高创新生态系统的创新产出及竞争力。

⊖ 在本章中，治理机制是指创新生态系统治理机制，区别于第 4 章中的数字平台治理机制。

在数字经济时代背景下，选择合适的治理机制对创新生态系统来说并非易事：不仅需要约束参与者的行为，让它们不至于偏离太远；又需要给参与者足够的空间，激发它们的创新活力。因此，创新生态系统的领导者需要选择合适的做法来平衡这些紧张关系⊖。那么，创新生态系统中有哪些有效的治理机制呢？我们主要总结出三类核心治理机制，见图9-2。

图9-2　创新生态系统的三类核心治理机制

控制机制

正如前文所述，创新生态系统的构建往往围绕一个明确的目的，为了不偏离这个目的，就需要创新生态系统的领导者采取一系列控制机制。常见的控制机制包括合同约束、成员管理、联合制裁等。

（1）合同约束。合同约束是一种最为常见的控制机制⊖，通过签订正式合同，能够确保参与者按照合同的内容开展活动，并尽可能消除参与者对自身利益受损的顾虑。为达到这个目的，参与者应对合同中的条款和条件进行谈判，并确保彼此都能遵守这些条款和条件，还应对合同实施或执行过程中可能出现的问题达成一致。但是，创新生

⊖ Jacobides M G, Cennamo C, Gawer A.Towards a theory of ecosystems[J]. Strategic Management Journal, 2018, 39(8): 2255-2276.

⊖ Wareham J, Fox P B, Cano Giner J L.Technology ecosystem governance[J]. Organization Science, 2014, 25(4): 1195-1215.

态系统是一种结构松散的系统，参与者数量众多、来自各个领域且彼此并不熟悉，因此合同这样正式且具有强约束力的治理机制在很多时候并不适用，这就需要其他非正式的控制机制进行补充。

（2）成员管理。创新生态系统允许各种类型的个人和企业加入，这就迫使创新生态系统在质量和数量之间进行权衡。向多个合作伙伴开放创新生态系统，虽然能够发挥群策群力的作用，但是随着参与者数量的增加和兴趣的多样化，成员企业之间的协调将变得更加困难。[1]因此，创新生态系统的领导者需要对成员企业进行管理。其中，最有效的成员管理措施是制定成员准入规则，规定成员所要具备的能力和交付的产出，从源头上筛选创新生态系统的参与者。[2]例如，小米会选择性地投资那些和自身产品具有相关性的生态链伙伴，保证小米生态链始终向统一的目标发展。对已经加入创新生态系统的参与者进行动态考评，以及向不同能力的成员企业提供不同水平的资源也是常见的成员控制方式。

（3）联合制裁。联合制裁是指创新生态系统内的参与者共同对违反规则的成员进行处罚。创新生态系统的参与者通常朝着一个共同的目标努力奋斗，因此催生了共赢的利益关系。如果某个成员企业做出了违反创新生态系统规则的行为，那么其他参与者也会因此利益受损。所以，参与者会联合起来采取行动，包括成立非正式的委员会、

---

[1] Bercovitz J E L, Tyler B B.Who I am and how I contract: The effect of contractors' roles on the evolution of contract structure in university-industry research agreements [J]. Organization Science, 2014, 25(6): 1840-1859.

[2] Thomas L D W, Autio E. Ecosystem value potential: An organizational field perspective [C]. Academy of Management Annual Meeting Proceedings, 2018(1): 17112.

内部协调组织等,以维护自身利益。例如,在维基百科社区里,设置了专门的评审委员会对条目内容进行管理,并对那些提供不准确信息甚至恶意编撰信息的参与者采取禁止编辑等形式的处罚。只要参与者还想留在这个创新生态系统中,就要遵守系统的规则,以免受到来自创新生态系统中其他参与者的联合处罚。

激励机制

与控制机制相反,激励机制的目的在于鼓励参与者进行创新。为了让创新生态系统能够顺利地实现自身目的,参与者需要积极进行合作并投入资源。然而,由于知识泄露、"搭便车"等现象的存在,许多参与者担心自己的投入得不到回报,并不热衷于创新投入。因此,创新生态系统需要采取措施来鼓励参与者的创新投入。其中,收益分配、非物质激励和产权激励是较为常见的激励方式(详见创新聚焦9-3)。

创新聚焦9-3

小米激励生态链企业进行创新

成立于2010年的小米是一家以手机、智能硬件以及IoT平台为核心的互联网公司。由于意识到在数字经济背景下硬件设备开发已不足以满足用户需求,小米强调在硬件基础上架构移动互联网的平台,希望构建完善的服务网络来获取竞争优势。自2013年起,小米就对生态链建设进行探索,通过构建创新生态系统,以极致性价比的产品抢占各个市场,使小米的用户享受更加丰富的服务。为达成这一目标,小米主要采用孵化的方式，选择具有足够市场规模且符合小米用户群特点的产品，为这些产品团队提供各类资源、创业资金、销售渠道等，快速实现产品的市场化。小米这样做的最终目的是要打造一艘"航空母舰"，即以小米为核心、生态链企业共同发展的价值共创系统。

生态链企业对小米最终实现价值创造起到了关键性的作用。然而，小米与生态链企业之间的磨合并非一帆风顺。在小米创新生态系统中，生态链企业需要生产与小米手机相关联、符合小米产品体系的产品。但随着生态链企业的不断发展，许多生态链企业有自己的战略目标，可能会产生战略目标上的分歧与冲突。同时，由于小米为生态链企业提供大量的资源，也会滋生一些"搭便车"和依赖行为。小米对此的描述是：被收购之前的企业为一匹"孤狼"，而在被收购后就失去了拼命向前的动力。因此，如何有效激励生态链企业参与创新活动成了小米创新生态系统治理的关键问题。

针对这一问题，小米选择了一种特殊的"投资+孵化"模式，即"持股不控股，帮忙不添乱"。这种模式从两方面发挥了对小米生态链企业的激励作用。

首先，小米不在生态链企业的股权结构中占据控股地位，这让生态链企业创业团队能为自己的利益奋斗，从根本上保证了生态链企业的利益获取。因此，生态链企业就有更多的动力去投入创新活动。

其次，小米不谋求对生态链企业的绝对控制，这让生态链企业有更多自由发挥的空间，也让生态链企业的创新动力更强。在这种情况下，小米与生态链企业保持着"若即若离"的关系。一方面，小米为生态链企业提供资源和渠道，保证生态链企业能有更好的产出，并通过股权收益分享生态链企业的创新回报，始终保持着紧密的"兄弟关系"；另一方面，小米不干涉生态链企业的决策权，让生态链企业始终为了自己的利益而奋斗，以激发生态链企业的创新积极性。这种机制的设计让生态链企业更愿意参加价值共创，促使小米和生态链企业实现共赢。

（1）收益分配。收益分配是一种最为直接的激励方式，即核心企业通过给予参与创新的成员企业相应的物质回报，鼓励参与者进行创新。关键是，创新生态系统的领导者需要制定出参与者公认的公平公正的利益分配机制。常见的措施是，通过合同与合作伙伴在事前约定收入分配方式，并得到合作伙伴的认可。例如，在海尔获取外部创意的过程中，收入分配规则被公布在其平台上，凡是参与技术资源分享或情报分享的参与者都能收到相应的报酬，以此鼓励参与者提供创新资源。除此之外，通过绑定双方资源来实现风险的分担与利益捆绑也是常见的措施。例如，专利池的构建让参与者意识到创新资源的投入对大家都能带来收益，从而更愿意投入资源。因此，合理分配收益对创新生态系统中参与者的黏性及活力来说有着重要的影响。

（2）非物质激励。随着越来越多的个人与用户参与创新生态系统，非物质激励也成了系统需要重点考虑的措施。这些群体往往不以获取物质激励为主要目的，相反地，他们通常出于兴趣及个人追求等而进行知识共享及共创。例如，Steam 通过构建创意工坊集合了许多参与者以对游戏内容创新做出贡献，这些参与者更多的是受到兴趣驱使。类似的案例还有海尔的发明人社群、小米的用户社群等。因此，创新生态系统需要强化非物质激励。例如进行内容管理，构建合适的分享机制等，从而为参与者构建良好的交流和互动环境，激励参与者进行创新。

（3）产权激励。产权激励是一种更为直接的激励方式。虽然产权激励和收益分配同样是从物质上给予参与者创新激励，但是收益分配更多的是一种事后的激励机制，而产权激励则从根源上保障了参与者的利益，因此在不确定性较高的数字创新环境下，这是非常有效的激励形式。同时，帮助参与者保护他们的知识产权能让参与者感受到创新生态系统的公平公正，进而更加乐于加入创新生态系统。[○]产权激励的具体措施包括知识产权归属约定、知识产权保护机制等。许多创新生态系统为了激励参与者投入创新资源，会将产权以一种双方共有，或是独家授权的形式给予参与者，让参与者能够拥有知识产权，从而可以尽可能消除他们对收益风险的顾虑。

协调机制

在创新生态系统中，核心企业和众多参与者都有各自的动机、业务目标和行业逻辑。为此，除对参与者进行控制与激励以外，还要不断地协调参与者的行为，促使参与者取得理想的创新结果。共同的世界观或价值观有助于达到协调治理的目的，当创新生态系统合作伙伴之间的共享价值体系根深蒂固时，参与企业就会更自主地进行协调，形成和谐的合作氛围。具体来看，信任机制、声誉机制及决策共享是形成共享价值体系的有效治理机制（详见创新聚焦9-4）。

○ Cusumano M A, Gawer A. The elements of platform leadership[J]. IEEE Engineering Management Review, 2003, 31(1): 1-8.

创新聚焦 9-4

海尔创新生态系统中的协调机制

海尔是一家以冰箱/冷柜、洗衣机、空调、热水器、厨电、小家电、U-home 智能家居等产品的研发、生产和销售，为消费者提供智慧家庭成套解决方案为主要业务的公司。随着国内消费的不断升级，单个企业已不足以满足市场需求，海尔通过构建基于数字技术的创新生态系统来获取全球技术资源，并通过技术资源之间的交互，实现高效的产品研发创新。在这个过程中，海尔通过构建开放创新主体平台——HOPE 平台来联系大量的参与者，进行内外部技术资源的对接。然而，这些参与者有自己的目标，在与海尔合作的过程中难免产生冲突，阻碍海尔实现高效的产品研发创新以满足市场需求的目标。因此，如何协调这些领域各异、目标不同的参与者的行为成了海尔创新生态系统治理的重点。

针对这一问题，海尔从信任关系的培育及良好声誉的构建着手。首先，海尔与成员企业进行了非常密切的沟通，时常与合作方互相派遣团队进行组织学习，以加深对彼此的了解。同时，海尔经常会举办一些技术交流活动，包括技术大会、技术交流沙龙等，以加深参与者之间的了解，从而培育参与者与海尔、参与者之间的信任关系。

其次，海尔关注良好声誉的构建。海尔不断宣传创新生态系统的和谐共赢理念，强调对知识产权的尊重，并且制定了许多保障创新合作双方收益及保护知识产权的规则。面对关系尚未建立、彼此尚不熟悉的成员企业，海尔不仅会就创新理念与参与者进行交流，还会身体力行付诸实践。例如，在一次与个体发明人的合作中，面对尚未完善的知识产权保护材料，海尔首先帮助该参与者进行了完善，再进一步通过专利授权的形式与之进行合作，体现了海尔对知识产权的尊重。

海尔采取的治理措施让越来越多的参与者相信海尔并加入其中，为创新生态系统的协调发展奠定了良好的基础。

（1）信任机制。在非正式治理机制中，信任是一种被广泛关注的治理机制。[1]信任关系能让企业在高不确定性环境下，相信合作伙伴不会损害创新生态系统的共同利益，因此愿意面对风险与对方进行合作。在这种情况下，参与者的行为更加容易协调，创新生态系统的目的更加容易实现。

然而，信任机制对创新生态系统的发展也会有一定的风险。参与者过度依赖信任关系，可能会使他们对创新目标盲目乐观。[2]典型的例子是 3G 网络时期的手机巨头诺基亚。2000 年的时候，诺基亚预测两年后将有超过 3 亿部手机连接到移动互联网，于是开始积极进行移动端服务的开发，如实时视频、移动支付等。此时的诺基亚和创新生态系统内的其他手机制造商都相信这个 3 亿的目标，并为此投入了大量的服务创新研发经费。但是，2002 年实际使用的 3G 手机数量只有 300 万部，仅为预期的百分之一，因此，它们开发的位置服务、移动支付系统、企业移动应用等创新服务都缺乏足够的用户，承诺的 3G 价值主张也无法在预期时间框架内实现。直到 2008 年，全球才达到 3 亿部 3G 手机，但是，此时诺基亚创新生态系统做出的承诺和投资

---

[1] Boudreau K. Open platform strategies and innovation: Granting access vs. devolving control [J]. Management Science, 2010, 56(10): 1849-1872.

[2] 张运生，邹思明. 高科技企业创新生态系统治理机制研究 [J]. 科学学研究，2010, 28(5): 785-792.

已经受到了严重的损害。[1]因此，如何权衡信任机制带来的合作优势与过度信任关系依赖带来的劣势是创新生态系统治理中需要关注的问题。

（2）声誉机制。声誉是长期积累的社会评价，良好的创新生态系统声誉能让参与者更愿意加入其中，良好的成员企业声誉也能让成员企业获得更多来自其他参与者的帮助。因此，创新生态系统中的参与者和领导者，都会通过良好的表现和其他各种途径来构建自己的良好声誉。在现实中，许多创新生态系统会通过线上线下宣传、承担社会责任等方式来构建自己的声誉，从而吸引更多参与者的加入。

（3）决策共享。为了让更多参与者认可创新生态系统，该系统领导者也会选择让渡部分决策权，让成员企业参与创新生态系统决策，其中，一些关键决策点包括产品发布、产品路线决定等。这样做的好处是使创新生态系统的决策过程看起来更具公平性和可信度，合作伙伴之间的矛盾得以减少，参与者能更好地发挥特定领域的知识优势。[2]但是，这样做也存在一定风险，如果有过多的成员参与决策过程，可能会导致创新生态系统偏离原定目标。因此，创新生态系统需要根据具体状况来确定决策的共享程度。

---

[1] McIntyre D P, Srinivasan A. Networks, platforms, and strategy: Emerging views and next steps[J]. Strategic Management Journal, 2017, 38(1): 141-160.

[2] Nambisan S, Sawhney M. Orchestration processes in network-centric innovation: Evidence from the field[J]. Academy of Management Perspectives, 2011, 25(3): 40-57.

开放式治理与封闭式治理

开放式治理模式

随着数字技术的高速发展，创新生态系统的研发边界正在被不断打破，出现了越来越多跨公司、跨地域、跨产业的诸多开放式创新合作。开放式数字创新是一种受到广泛讨论的创新形式，它的定义是一种分布式的创新过程，为了促进组织内部的创新，管理者有意识地、积极地利用内部和外部的技术及创意等资源，目的是增加将组织内创新扩展至组织外的市场机会（详见创新聚焦9-5）。

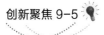

谷歌安卓的开放式创新生态系统

2005年8月，谷歌从Andy Rubin手中收购了安卓操作系统，此后便逐步开始与各硬件制造商、软件开发商及电信运营商共同组建研发和改良安卓操作系统的开放式创新生态系统。经过几年的努力，安卓操作系统于2011年超过塞班操作系统成为全球使用人数最多的手机操作系统，此后即使面对来势汹汹的iOS操作系统也牢牢把握住了七成以上的市场。众所周知，安卓操作系统的核心代码是开源的，所有在系统内进行开发的参与者都能读取其中的数据。这种开放式治理模式使得大量第三方互补企业涌入其中，开发者在进行设计和创新时能够反向帮助谷歌对安卓操作系统进行改良和升级，开发的人越多，安卓操作系统就变得越发成熟。不过，安卓操作系统能被其他厂商所更改，从而出现了三星、华为、小米等企业，它们虽然都是安卓创新生态系统中的一员，但在许多方面都不受谷歌控制，相当一部分利益因而流失。

资料来源：根据公开资料整理。

由于创新生态系统关注的焦点就是赋能创新行为，各参与者都希望进一步扩大创新市场的供给和需求，因此开放式创新治理模式的逻辑与创新生态系统有着较高的契合度。开放式创新生态系统的治理模式是指在开放式创新环境下，治理方通过设计与调整相关制度以促进人才、知识、技术、资金、创意等创新资源的跨边界流动，营造良好的创新文化氛围，最终实现吸收外部创新思想、提升整体创新能力、支撑新产品开发、满足客户需求等目标[⊖]。

封闭式治理模式

虽然创新生态系统的特征导致更多的核心企业采用开放式治理模式，但是也有不少创新生态系统采用封闭式治理模式。采用封闭式治理模式的企业需要对知识产权进行控制并保留所有权，采用封闭式治理模式的创新生态系统一般会由核心企业单独来制定整个系统的架构、标准或准则，以达到更全面有力的治理（详见创新聚焦 9-6）。

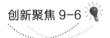

苹果 iOS 的创新生态系统治理

苹果公司是封闭式创新生态系统的典型，它的 iOS 操作系统、App

⊖ 吕一博，蓝清，韩少杰. 开放式创新生态系统的成长基因——基于 iOS、Android 和 Symbian 的多案例研究 [J]. 中国工业经济，2015 (5): 148-160.

Store、iPhone、iTunes 共同形成了软硬件一体化的封闭系统。在这个创新生态系统中，所有参与的互补企业必须遵守苹果制定的架构与准则，这在很大程度上限制了其他企业的自由度，正因如此，iOS 用户数一直与安卓有较大差距。

虽然谷歌创新生态系统的规模与成员数量远超苹果创新生态系统，但苹果却占据了整个手机市场利润的绝大部分，只给为数众多的安卓手机厂商留下了为数不多的利润。数据显示，虽然 Android 在 2018 年上半年的全球市场份额为 77%，而 iOS 的市场份额为 19%，但是 iOS 应用商店的总收入却是 Google Play 总收入的 1.9 倍。可见 iOS 的封闭式治理模式虽然影响了体量，但却能为苹果创新生态系统带来更多的价值，并且使苹果公司在整个系统中的控制能力更强。

资料来源：根据公开资料整理。

开放式治理模式 vs. 封闭式治理模式

有趣的是，谷歌近年正在研发且即将面世的 Fuchsia 操作系统将会是一个封闭式的系统。那么，如何在开放式与封闭式的创新生态系统治理模式之间进行选择呢？

事实上，在创新生态系统的核心企业选择治理模式时往往存在着一个开放性悖论[⊖]，即企业为了尽可能多地获取知识，必须向系统中的其他参与者分享自身知识的某些部分，且众多企业在参与系统内的创新活动时会与大量外部参与者进行接触和分享，因此整个系统逐渐

⊖ Laursen K, Salter A J. The paradox of openness: Appropriability, external search and collaboration [J]. Research Policy, 2013,43(5): 1-12.

变得更加"开放"。但是,许多企业在此过程中会为了保护自己的知识,使之不被竞争对手复制,或是为了自身获得更大利益而选择控制住一些关键的知识产权、核心技术等,从而使系统变得"封闭"。

在数字创新背景下,创新生态系统在选择开放式或封闭式的治理模式时存在两难境地,这两种模式各有千秋,我们也将两者的优劣势进行了比较,见图 9-3。

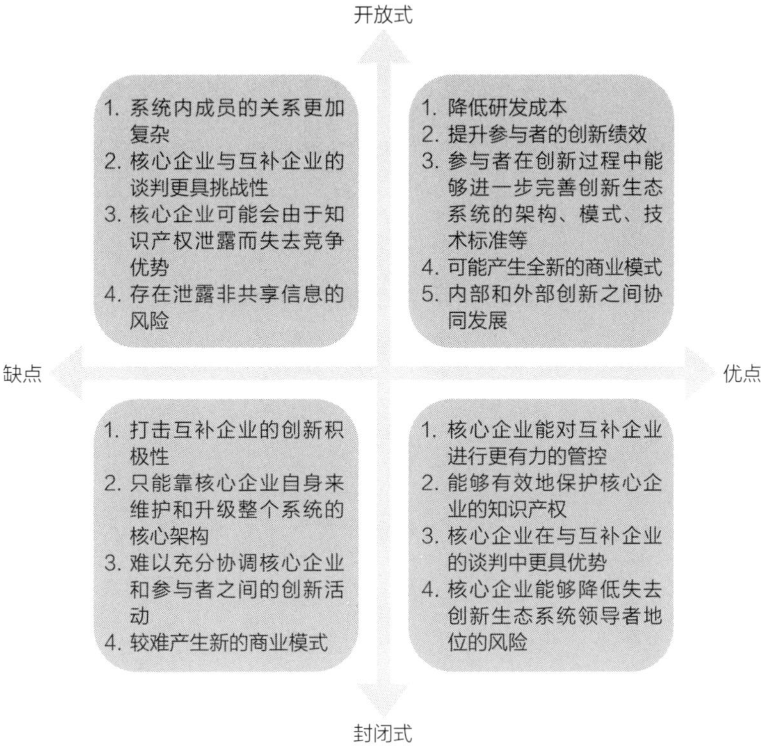

开放式

缺点象限(左上):
1. 系统内成员的关系更加复杂
2. 核心企业与互补企业的谈判更具挑战性
3. 核心企业可能会由于知识产权泄露而失去竞争优势
4. 存在泄露非共享信息的风险

优点象限(右上):
1. 降低研发成本
2. 提升参与者的创新绩效
3. 参与者在创新过程中能够进一步完善创新生态系统的架构、模式、技术标准等
4. 可能产生全新的商业模式
5. 内部和外部创新之间协同发展

缺点象限(左下):
1. 打击互补企业的创新积极性
2. 只能靠核心企业自身来维护和升级整个系统的核心架构
3. 难以充分协调核心企业和参与者之间的创新活动
4. 较难产生新的商业模式

优点象限(右下):
1. 核心企业能对互补企业进行更有力的管控
2. 能够有效地保护核心企业的知识产权
3. 核心企业在与互补企业的谈判中更具优势
4. 核心企业能够降低失去创新生态系统领导者地位的风险

封闭式

图 9-3 开放式治理模式与封闭式治理模式的比较

中心化治理与扁平化治理

中心化治理模式

中心化治理与扁平化治理的平衡选择一直是创新生态系统治理中最为关键的决策之一。在中心化治理模式下，创新生态系统的领导者作为治理主体，通常采用以控制机制为主的治理措施，旨在让参与者提供创新生态系统维持与发展所必需的资源及能力，并让参与者之间的行为协调一致。然而，过度的中心化治理可能会让参与者失去创新动力，并降低创意碰撞及意外创新的可能性（详见创新聚焦 9-7）。

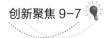

美的创新生态系统的治理模式

随着产业升级与产品升级换代，美的意识到亟须加速高端化布局及智能制造来打造持续领先的产品和技术创新能力。基于此，美的坚持对技术创新、用户创新、产品创新及创新生态系统建设的持续关注。2015年起，美的通过全球创新中心的建设和美创平台的打造，形成了以美的中央研究院为核心，包含美的开放创新平台、美的国际研发中心、美的美居 IoT 平台等多个线上线下平台的经济结构。

美的创新生态系统在注重开放式创新，快速获取创新资源的同时，采用了中心化治理模式。美的集团副总裁兼创新中心总监胡自强在接受采访中表示："美的集团做开放式创新平台的态度相对谨慎，希望能够起到锦上添花的作用，能够掌握核心技术而非去外面拿技术。"整体来看，美的创新生态系统始终围绕自身核心业务展开，以美的中央研究院为主体进行统筹。在寻求合作之前，美的会对创新生态系统参与者设置明确的进入标准，包括提供符合美的接口标准的产品，接受美的的项目考察等。而对于从外部获取的技术及投资孵化获得的产品和服务，美的建立了分类合作模式，支持外部技术开放给内部使用，或是以其他方式服务于美的创新生态系统的核心价值主张，从而实现内外创新能力的叠加。通过这些机制，美的成功整合内外部资源，推动技术创新，激发内外创新活力，实现了创新生态系统的持续健康发展。

扁平化治理模式

在扁平化治理模式下，创新生态系统的领导者虽然仍旧作为治理主体，但不再对系统内的其他参与者进行强有力的干涉，而是更多地采用协调机制及激励机制，让参与者有足够的决策空间，从而提升参与者的创新意愿，进一步促进创新生态系统的产出及价值创造。然而，过度的扁平化治理模式可能会导致参与者之间机会主义行为的发生。比如，一部分参与企业生产出质量低下的互补产品并企图浑水摸鱼。由于缺乏有力的干涉，创新生态系统内还会出现产出过于分散以至于无法实现互补等问题，反而损害了创新生态系统的价值创造（详见创新聚焦 9-8）。

海尔创新生态系统的治理模式

与美的创新生态系统相比，海尔创新生态系统无疑采取了一种更为去中心化的治理模式。

首先，在海尔创新生态系统中，HOPE平台是核心治理主体，更多地扮演促进多边参与者资源交互的角色，比如通过平台进行技术需求发布，帮助参与者寻找技术资源等，但是并不直接干预参与者之间的合作及交易。无论是海尔内部的参与者，还是外部参与者，都与HOPE平台保持市场化交易的关系，通过订单的形式获取HOPE平台的服务，进而实现参与者之间的联系与合作。

其次，尽管海尔创新生态系统强调自身的核心价值主张，还是包容了许多其他价值创造活动的参与者。尤其是，海尔构建了全球科技"蛙眼监控系统"，对许多尚未成熟的、未来可能具有价值潜力的技术进行跟踪和挖掘，为有意向进行创新创业的参与者推荐技术，从而促进更加多样化的创新产出。

最后，海尔创新生态系统并不强求对知识产权的控制，从而进一步促进了各类参与者的加入与创新合作。

中心化治理模式 vs. 扁平化治理模式

我们可以发现，中心化治理模式和扁平化治理模式对创新生态系统的稳定与发展来说是各有优劣的（见图9-4）。事实上，这也回应了一直以来学界针对创新生态系统治理探讨的一个话题，即"如何让创新生态系统在稳定发展的同时实现快速延展"。因此，有效平衡中心化治理模式与扁平化治理模式之间的选择，在实现创新生态系统价值主张中具有重要意义。

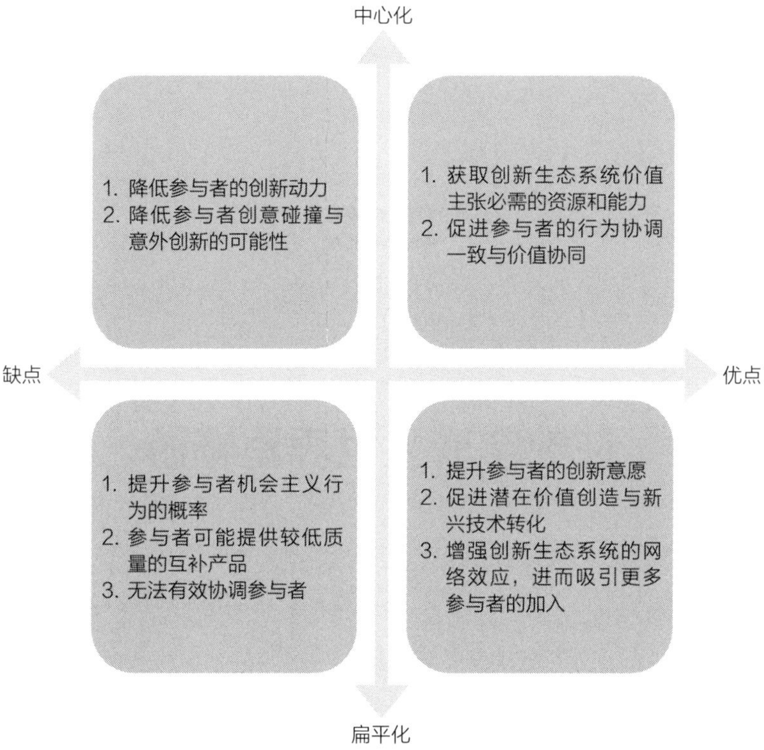

```
                          中心化
                            ↑
  ┌─────────────────────┐   │   ┌─────────────────────┐
  │ 1. 降低参与者的创新动力 │   │   │ 1. 获取创新生态系统价值 │
  │ 2. 降低参与者创意碰撞与 │   │   │    主张必需的资源和能力 │
  │    意外创新的可能性    │   │   │ 2. 促进参与者的行为协调 │
  │                     │   │   │    一致与价值协同      │
  └─────────────────────┘   │   └─────────────────────┘
缺点 ←────────────────────────┼──────────────────────────→ 优点
  ┌─────────────────────┐   │   ┌─────────────────────┐
  │ 1. 提升参与者机会主义行 │   │   │ 1. 提升参与者的创新意愿 │
  │    为的概率           │   │   │ 2. 促进潜在价值创造与新 │
  │ 2. 参与者可能提供较低质 │   │   │    兴技术转化         │
  │    量的互补产品        │   │   │ 3. 增强创新生态系统的网 │
  │ 3. 无法有效协调参与者  │   │   │    络效应，进而吸引更多 │
  │                     │   │   │    参与者的加入        │
  └─────────────────────┘   │   └─────────────────────┘
                            ↓
                          扁平化
```

图 9-4　中心化治理模式与扁平化治理模式的比较

DIGITAL
INNOVATION

结语

在数字孪生世界里畅游

核心观点

华为预测到 2025 年,数字经济规模将达到 23 万亿美元[一],这可比美国 2019 年的 GDP 总量还要多[二]。换句话说,一个超大规模的数字孪生世界正在形成。那么,我们该如何在这个数字孪生世界里畅游呢?本书从数字创新的本质谈起,阐述了数字创新的类型、产生过程,并聚焦于传统企业的数字化转型,提供了一个数字创新蓝图。接着,我们回到了支撑数字创新的组织形式——数字平台——上来,深

[一] 华为官网. 华为持续推进算力、数据基础设施、5G+AI+ 云等创新,使能数字经济 [EB/OL].(2019-11-23)[2020-05-03]. https://e.huawei.com/cn/news/it/2019/201911231500.

[二] U.S.Bureau of Economic Analysis. Gross domestic product[EB/OL].(2020)[2020-05-03]. https://www.bea.gov/data/gdp/gross-domestic-product.

度讨论了数字平台的基础架构,并详细阐述了数字平台的三个重要组成部分(即平台所有者、互补者、用户)如何驱动数字创新。最后,我们回到了一个更立体化的视角,即数字创新生态系统,通过剖析数字创新生态系统的结构,解构其具体的治理机制,为全面理解数字创新提供了一个全景图。

这里再次综述全书的核心观点,为读者提出数字创新的建议。

第一,管理者要有一个"双脑计划":传统创新逻辑和数字创新逻辑必然会在企业中共存很长一段时间,平衡好二者的关系至关重要。第1章提出,数据同质化、可重新编程性和可供性这三个特性使得数字创新过程变成一个强调设计逻辑、开放式创新、情景交融和持续迭代的动态交互过程。这一逻辑与传统创新逻辑差异巨大,比如创新主体不能提前界定,创新边界模糊且不再重要等。那么,在企业实际运行过程中,如果不能找到二者"和平相处"的方式,必然会造成混乱。

第二,制定数字战略、架构数字资源、提升数字创新能力、构建数字创新导向文化是组织启动数字创新的必要准备环节。数字战略是公司层战略,不是简单地把数字化变成战略执行的手段,而是从战略层面就要把数字化考虑进来。数字资源是数字创新的基础,数字资源从哪里获取、如何获取、如何重组、有何作用等问题在开始启动数字创新之时就要有明确的判断。另外,识别和利用公司内外部数字环境中与创新相关的机会的能力也非常重要。最后,承担风险、允许试验、组织即兴和学习的文化是保障数字创新成功的关键。

第三,厘清数字平台的架构,深入理解其模块化、自生长性、低搜寻成本和交易成本以及网络效应等特性，进而实现数字平台的"冷启动"和再突破。在构建平台的过程中，我们强调要注意平台架构的分块与集成功能，要掌握权责分配、控制机制、定价机制的运行逻辑。只要底层逻辑清晰明了，平台想要获得持续竞争优势将不再困难。

第四，充分激发互补者和用户的创新潜力，实现平台组织中的"全员创新"，同时应该特别处理好平台和互补者之间的竞争与合作。"赋能"互补者是交易型平台和创新型平台保持持续竞争优势的一个重要方式，此外，用户端驱动的数字创新也同样重要。我们建议在赋能互补者和利用用户创意时要注意知识产权管理、开放数据策略、创意组合管理、认同激励措施等方式的应用。最后，我们提醒平台所有者通过加入互补品市场与互补者展开竞争的结果有好有坏，管理者应该谨慎使用。

第五，建议数字创新生态系统的治理需要综合应用控制机制（合同约束、成员管理、联合制裁）、激励机制（收益分配、非物质激励、产权激励）和协调机制（信任机制、声誉机制、决策共享）来实现整个创新生态系统的健康发展。综合应用这些机制，可以形成开放式与封闭式的治理模式、中心化与扁平化的治理模式。这些模式各有利弊，需要管理者在构建数字创新生态系统的过程中根据愿景来确定。

掩卷反思

让我们跳出本书的内容，重新思考三个问题：数据资源是否改变了战略的本质？数据资源如何改变了战略的形态？企业如何去管理战略性数据资源？我们期望通过这三个问题的讨论，让读者对数字创新有一个更深入的思考和更清晰的认识。

首先，数据资源是否改变了战略的本质？我们认为企业战略的本质是独特性，是企业的与众不同。因此，当所有企业都在做互联网、电子商务，抑或人工智能时，都不能为自身带来战略优势，这些都只能提升整体战略里的运营效率。从根本上说，人工智能等数字技术所依赖的数据资源，就和人力资源、组织资源、社会资源一样，是一种本来就有的客观存在，企业诞生的同时就生成了数据资源。数据资源不过是资源的一种形态而已，它本身并不改变战略的本质。

那么，数据资源改变了什么呢？它改变了过去物质资源因时间、空间隔离而带来的信息不对称。过去，由于信息不对称，从事贸易的企业有钱赚。但是，随着信息越来越对称，贸易的利润一定是越来越低。这种改变使得过去依靠信息不对称，或者依靠组织资源、物质资源、人力资源、知识资源带来利润，转为依靠数据资源带来利润。

感性一点说，这就是所谓的"江山代有才人出，各领风骚数百年"。过去是各类资源各领风骚几百年，到后来各领风骚几十年，再到今天各领风骚几十天。诗还是那个诗，只不过如今写诗容易了，因为 AI 可以帮忙写诗了。

不管我们做的是金融业，还是信息服务业，抑或是最普遍的制造业，千变万化之中一个始终没有改变的规律，就是要取得国际竞争力必须依靠核心技术创新。也就是说，实现从无到有、从 0 到 1 的真本事是不会变的。

其次，数据资源如何改变了战略的形态？数据和互联网的发展，改变了人与组织的关系，进而导致组织行为的变化。比如阿里提出的价值链从原来的"前端、中端、后端"，到现在的"做强中台、弱化前台"。再比如政府现在大力提倡的"最多跑一次"，也是中台理论的典型体现。它颠覆了过去的内部生产关系，通过强化中台提高效率，是一种流程创新。

过去的生产关系正在消亡，新的生产关系正在形成；企业和员工之间也颠覆了原来的雇主和雇员关系，我们发现身边涌现出越来越多的小组织群落、小微创客组织和平台组织。95%～98%的企业成为小微企业，个体成为合作伙伴，每个人都可以成为老板，个体创业变得相对容易。简言之，从串联式的链式流程变为了并联的模式。

但是，山还是那座山，梁还是那道梁。创新的本质还是技术创新，如果没有把技术创新看成未来发展的核心竞争力，不管是"互联网+"还是"+互联网"，不管是人工智能还是智能人工，都不是创新的本质。创新的本质，是颠覆，是改变，是0到1。

再看商业模式变了没有？确实变了，出现了平台企业、网络企业、生态企业等各种形态。在21世纪，企业的形态真有可能被颠覆。随着大数据、人工智能、云计算、区块链、物联网等数字技术的发展，企业成本下降、边界模糊，企业交易行为和内部控制成本之间发生了一些革命性的变化。但是，我们还是要提醒企业家，不管怎么变，企业这种经济组织，作为创造经济和创造价值的市场主体形态，以为客户创造价值为存在的根本理由，是不会变的。与此同时，在企业内部，管理主体、管理对象、交易关系、组织行为等一直是管理者亘古不变关注的内容。

数据资源的发展，确实给企业带来了发展的机会，但是它不能代替企业的战略和核心竞争力。我们来看一下企业和市场的关系，由于AI、大数据的发展，企业的市场交易边界正在模糊，交易成本不断下降，组织内部流程不断淡化，中间交易机制正在重构，内部采用项目化管理，每一个项目才是越来越重要的。我们认为一个企业以后最有活力的，正是项目组织。

项目组织怎么重构？个体与市场的关系应该如何搭建？举个例子，过去浙江大学对外合作，进行科技成果转化，是要学校层面签协议；而今天我们更主张企业直接和教授合作，因为这样交易成本要低很多。而与企业合作的教授越多，科技成果转化的也就越多。这正是近年来浙江大学获得成功的一个重要原因。

当前，人们热议的新零售也是一样的。什么叫新？其实，它就是市场关系从串联向并联的重构。过去的经销商、代理商、批发商、零售商、直销商、物流商是一级一级的串联，中间每一级都有成本，每个中间商都是依靠信息不对称来获取利润。后来有了电子商务，中间那些环节全部集成到一个平台里，然后平台利用垄断地位去压榨两边，这显然不是我们想说的新零售。我们心目中的新零售是，对供应商、需求方、数据商、服务商、平台商来说，不是把你的成本变成我的利润，而是共同为了我们中国的产业构筑发展共同体。

最后，企业如何去管理战略性数据资源？当我们认清了AI、大数据、互联网给企业带来的基本挑战与核心命题后，我们该怎么来管理数据？我们认为，数据是个工具，不是战略。什么样的数据能为企业创造价值，这种数据可能不是海量数据，不是有多少个TB。对企业家来说，要深入洞察去发现能为企业带来独特性的知识，然后把这种知识积累起来，成为企业自身特有属性的数据，即企业专有性数据。然后，把这些专有性数据维护好、分析好、挖掘好，转化成为价值服务。数据只有给企业带来独特性，这个数据才能创造核心竞争力。

因此，我们要不断加强数据的积累、数据的分析和数据的洞察，要优化内部的数据管理体系，改变数据的建立体系，形成我们企业内部的数据管理网。

我们必须明白积累、管理数据资源的目的是什么。把最好的、最合适的、为企业带来核心竞争力的数据，传递给合适的人，从而做出正确的战略决策，这才是企业利用数据资源要解决的问题。

在新时代，我们越来越认为管理太重要了。当一个人被机器绑架，当一个人越来越迷失自我，当一个组织被东南西北风吹得不知所从时，管理智慧比以前任何时候都更重要。

50年前，我们不需要管理，只要把东西做出来就可以。今天，当我们发现身边有这么多资源时，恰恰说明管理必须要跟科技融合，要跟人文、历史、商学融合，要跟我们中华文明融合。

今天，我们身边缺的不是运营工程师，也不是数据专家。在数字经济时代，我们越来越需要创新人才培养模式，培养出真正具有管理智慧的思想家、哲学家、社会学家和战略家，为实现中华民族伟大复兴的中国梦贡献管理解决方案和智慧。

彼得·德鲁克全集

序号	书名	序号	书名
1	工业人的未来 The Future of Industrial Man	21 ☆	迈向经济新纪元 Toward the Next Economics and Other Essays
2	公司的概念 Concept of the Corporation	22 ☆	时代变局中的管理者 The Changing World of the Executive
3	新社会 The New Society: The Anatomy of Industrial Order	23	最后的完美世界 The Last of All Possible Worlds
4	管理的实践 The Practice of Management	24	行善的诱惑 The Temptation to Do Good
5	已经发生的未来 Landmarks of Tomorrow: A Report on the New "Post-Modern" World	25	创新与企业家精神 Innovation and Entrepreneurship
6	为成果而管理 Managing for Results	26	管理前沿 The Frontiers of Management
7	卓有成效的管理者 The Effective Executive	27	管理新现实 The New Realities
8 ☆	不连续的时代 The Age of Discontinuity	28	非营利组织的管理 Managing the Non-Profit Organization
9 ☆	面向未来的管理者 Preparing Tomorrow's Business Leaders Today	29	管理未来 Managing for the Future
10 ☆	技术与管理 Technology, Management and Society	30 ☆	生态愿景 The Ecological Vision
11 ☆	人与商业 Men, Ideas, and Politics	31 ☆	知识社会 Post-Capitalist Society
12	管理：使命、责任、实践（实践篇）	32	巨变时代的管理 Managing in a Time of Great Change
13	管理：使命、责任、实践（使命篇）	33	德鲁克看中国与日本：德鲁克对话"日本商业圣手"中内功 Drucker on Asia
14	管理：使命、责任、实践（责任篇）Management: Tasks, Responsibilities, Practices	34	德鲁克论管理 Peter Drucker on the Profession of Management
15	养老金革命 The Pension Fund Revolution	35	21世纪的管理挑战 Management Challenges for the 21st Century
16	人与绩效：德鲁克论管理精华 People and Performance	36	德鲁克管理思想精要 The Essential Drucker
17 ☆	认识管理 An Introductory View of Management	37	下一个社会的管理 Managing in the Next Society
18	德鲁克经典管理案例解析（纪念版）Management Cases(Revised Edition)	38	功能社会：德鲁克自选集 A Functioning Society
19	旁观者：管理大师德鲁克回忆录 Adventures of a Bystander	39 ☆	德鲁克演讲实录 The Drucker Lectures
20	动荡时代的管理 Managing in Turbulent Times	40	管理（原书修订版）Management (Revised Edition)
注：序号有标记的书是新增引进翻译出版的作品		41	卓有成效管理者的实践（纪念版）The Effective Executive in Action

明茨伯格管理经典

Thinker 50终身成就奖获得者，当今世界杰出的管理思想家

写给管理者的睡前故事
图文并茂，一本书总览明茨伯格管理精要

管理者而非MBA
管理者的正确修炼之路，管理大师明茨伯格对MBA的反思
告诉你成为一个合格的管理者，该怎么修炼

拯救医疗
如何根治医疗服务体系的病，指出当今世界医疗领域流行的9大错误观点，提出改造医疗体系的指导性建议

战略历程（原书第2版）
管理大师明茨伯格经典著作全新再版，实践战略理论的综合性指南

管理进行时
继德鲁克之后最伟大的管理大师，明茨伯格历经30年对成名作《管理工作的本质》的重新思考

明茨伯格论管理
明茨伯格深入企业内部，观察其真实的运作状况，以犀利的笔锋挑战传统管理学说，全方位地展现了在组织的战略、结构、权力和政治等方面的智慧

管理至简
专为陷入繁忙境地的管理者提供的有效管理方法

管理和你想的不一样
管理大师明茨伯格剥去科学的外衣，挑战固有的管理观，为你揭示管理的真面目

战略过程：概念、情境与案例（原书第5版）
殿堂级管理大师、当今世界优秀的战略思想家明茨伯格战略理论代表作，历经4次修订全新出版

战略过程：概念、情境与案例（英文版·原书第5版）
明茨伯格提出的理论架构，是把战略过程看作制定与执行相互交织的过程，在这里，政治因素、组织文化、管理风格都对某个战略决策起到决定或限制的作用